**LIBERDADE É PROSPERIDADE**

CONHEÇA OUTROS LIVROS DA SÉRIE:

POLÍTICA, IDEOLOGIA E CONSPIRAÇÕES

DESCULPE-ME SOCIALISTA

MITOS E FALÁCIAS DA AMÉRICA LATINA

A LEI

MENOS ESTADO E MAIS LIBERDADE

OS ERROS FATAIS DO SOCIALISMO

DA LIBERDADE INDIVIDUAL E ECONÔMICA

OS FUNDAMENTOS DO CAPITALISMO:
O ESSENCIAL DE ADAM SMITH

# EAMONN BUTLER

# LIBERDADE É PROSPERIDADE

## A FILOSOFIA DE AYN RAND

*O pensamento revolucionário de uma das maiores escritoras do século 20*

Tradução:
Matheus Pacini

COPYRIGHT © AYN RAND - AN INTRODUCION, BY EAMONN BUTLER
FIRST PUBLISHED BY THE INSTITUTE OF ECONOMICS AFFAIRS,
LONDON, IN 2018.
COPYRIGHT © FARO EDITORIAL, 2020

Todos os direitos reservados.

Nenhuma parte deste livro pode ser reproduzida sob quaisquer meios existentes sem autorização por escrito do editor.

Diretor editorial PEDRO ALMEIDA
Coordenação editorial CARLA SACRATO
Preparação DANIEL RODRIGUES AURÉLIO
Revisão BARBARA PARENTE
Capa e diagramação OSMANE GARCIA FILHO
Imagem de capa OSCAR WHITE | GETTYIMAGES

Dados Internacionais de Catalogação na Publicação (CIP)
Angélica Ilacqua CRB-8/7057

Butler, Eamonn
 Liberdade é prosperidade : A filosofia de Ayn Rand / Eamonn Butler ; tradução de Matheus Pacini. — São Paulo : Faro Editorial, 2019.
 144 p.

 ISBN 978-65-86041-07-1
 Título original: Ayn Rand An Introduction

 1. Rand, Ayn, 1905-1982 2. Filósofas 2. Escritoras - Biografia I. Título II. Pacini, Matheus

20-1050     CDD 191

Índice para catálogo sistemático:

1. Filosofas - Estados Unidos 191

1ª edição brasileira: 2020
Direitos de edição em língua portuguesa, para o Brasil, adquiridos por FARO EDITORIAL

Avenida Andrômeda, 885 – Sala 310
Alphaville – Barueri – SP – Brasil
CEP: 06473-000 – Tel.: +55 11 4208-0868
www.faroeditorial.com.br

*This book is addressed to the young —
in years or in spirit — who are not afraid
to know and are not ready to give up.*
AYN RAND, *Capitalism: The Unknown Ideal*


[Este livro é dirigido aos jovens —
em anos ou em espírito — que não têm medo
de saber e não estão prontos para desistir.]

# SUMÁRIO

| | |
|---|---|
| 13 | POR QUE AYN RAND É IMPORTANTE? |

| | |
|---|---|
| 23 | A VIDA DE RAND E SEUS ESCRITOS |
| 33 | RESUMO DA VISÃO DE MUNDO DE RAND |
| 41 | RAND SOBRE A NATUREZA DA REALIDADE |
| 47 | COMO ENTENDEMOS O MUNDO |
| 57 | RAND SOBRE MORALIDADE |
| 71 | POLÍTICA E ECONOMIA |
| 83 | RAND SOBRE QUESTÕES PÚBLICAS |
| 93 | A NATUREZA E A IMPORTÂNCIA DA ARTE |
| 103 | OS ROMANCES DE AYN RAND |
| 117 | OS CRÍTICOS DE RAND |

| | |
|---|---|
| 133 | LEITURAS ADICIONAIS |
| 141 | QUEM É AYN RAND? |

*Ayn Rand*

# POR QUE AYN RAND É IMPORTANTE?

## A IMPORTÂNCIA DA FICÇÃO DE RAND

"*A revolta de Atlas* mudou a minha vida" deve ser a frase inicial mais comum de todas as cartas recebidas pelos editores das obras de Rand, para não dizer de muitos artigos e publicações que aparecem diariamente.

A maioria das pessoas descobre Rand não por meio de seus artigos, mas sim de sua ficção. Seus romances introduziram suas ideias sobre vida, política e moralidade na cultura popular, tornando-as acessíveis ao público leigo que poderia ter dificuldades para compreender seus tratados filosóficos.

Jovens, em particular, se conectam facilmente aos romances *A nascente* e *A revolta de Atlas*, pois não só dialogam diretamente com suas preocupações e ambições futuras, como também alimentam sua rebeldia natural, fornecendo-lhes os argumentos de que precisam para desafiar o senso comum do autossacrifício e do socialismo democrático recebido de seus professores.

## *ASPIRANDO À EXCELÊNCIA*

Esses romances alimentam a autoestima dos jovens — e, também, de muitos não tão jovens. Convencem os leitores de que, através de pensamento e ação, podemz criar um mundo em que seus esforços serão valorizados, e não depreciados ou explorados. Corroboram a nobreza de usar a sua mente para alcançar o seu máximo potencial e tornam a autoconfiança algo bacana.

Os heróis de Rand são individualistas que vivem por seus próprios talentos criativos — existindo para ninguém mais, nem pedindo que outros existam por eles. São rebeldes contra o *status quo* e seus costumes. Não se conformam às normas sociais e confiam em sua visão pessoal e verdade: uma visão construída sobre seus próprios valores; e uma verdade calcada nos fatos e na razão, e não na falsa autoridade dos outros. Dotados de mentes criativas, descobrem novos conhecimentos, inovam, estimulam o progresso e, dessa forma, beneficiam toda a humanidade.

Mas mentes não podem ser forçadas a pensar. Criatividade e, portanto, progresso humano dependem de as pessoas serem livres para pensar e agir em busca de seus próprios valores, com base nos fatos e não em autoridade — uma ideia atraente, em especial, para os jovens leitores de Rand.

## *UMA VISÃO ABRANGENTE*

Outra qualidade que torna Rand tão influente é que ela apresenta um *sistema* — uma visão abrangente e sistemática sobre como o mundo e a vida humana funcionam. Muito além da política ou economia, traça suas origens na cultura, sociedade e filosofia.

Seus romances ensinam as ideias de liberdade, valores, raciocínio, razão, criatividade, empreendedorismo, capitalismo, realização, heroísmo, felicidade, autoestima e orgulho; explicam as consequências desastrosas de coisas como coerção, extorsão, regulação, autossacrifício, altruísmo, ilusão e recusa em usar a mente.

E é exatamente isso que muitos jovens, principalmente, buscam: uma visão consistente que possibilite entender o mundo, além de um conjunto de princípios que permita resolver os dilemas da vida na Terra.

Eles podem, é claro, ter acesso a outros pontos de vista, ou mesmo concluir que o mundo é mais complexo do que o sugerido por Rand. Mas o fato de impactar tanto os seus leitores é uma marca do poder de seu sistema. Suas vidas nunca mais são as mesmas.

## A DIVULGAÇÃO DAS IDEIAS DE RAND

Em nenhum outro lugar as ideias de Rand mudaram mais vidas do que no país em que escolheu viver, os Estados Unidos, onde seus romances exploram os ideais americanos de autoconfiança e individualismo. No início dos anos 1990, uma década após a sua morte, uma pesquisa conjunta da Library of Congress e do Month Club classificaram *A revolta de Atlas* como o segundo livro mais influente depois da Bíblia. Hoje, as ideias de Rand são ensinadas nas faculdades norte-americanas e discutidas em periódicos acadêmicos e jornais de grande circulação. Até institutos e grupos foram formados para divulgar as suas ideias.

Suas ideias estão se espalhando rapidamente por outros países de língua inglesa, como o Reino Unido (onde vinte mil livros de Rand são vendidos anualmente), Canadá, Austrália, Nova Zelândia, África do Sul e até na Índia, onde o inglês é o idioma principal. Até mesmo jogadores de futebol indianos, bem como estrelas de Bollywood, reconhecem a influência dela em suas vidas.

Além de países de língua inglesa, a Suécia, um país pequeno com 9,5 milhões de habitantes, lidera as pesquisas globais do termo "Ayn Rand" no Google — os suecos compraram mais de trinta mil cópias de seus livros na última década. Cerca de 25 mil são vendidos anualmente na terra natal de Rand, a Rússia, e outros treze mil no Brasil, seis mil na Espanha, mil no Japão e na Bulgária. Mesmo na China, mais de quinze mil livros de Rand são vendidos anualmente — um número que, frente ao seu despertar econômico e intelectual, só tende a aumentar.

### INFLUÊNCIA NA POLÍTICA

Tudo isso faz que Rand tenha um impacto considerável no debate político. Nos Estados Unidos, muitos de seus ex-seguidores ocuparam cargos políticos importantes. O ex-presidente do Federal Reserve, Alan Greenspan, foi um dos primeiros membros do círculo próximo de Rand. Clarence Thomas, juiz federal da Suprema Corte, exibe aos seus novos funcionários o filme *A nascente*. Políticos como o ex-congressista Ron Paul; seu filho, o senador Rand Paul; e o congressista Paul Ryan citam Rand como influência. Até o presidente Ronald Reagan se descreveu como "admirador de Ayn Rand".

E esse não é apenas um fenômeno norte-americano. Annie Loof, líder do Centerpartiet (Partido do Centro) da Suécia e ex-ministra do Comércio, ajudou a lançar a tradução sueca de *A nascente,* chamando Rand de "uma das grandes pensadoras do século xx". As ideias de Rand foram elogiadas pelo ex-primeiro-ministro da Estônia, o reformista Mart Laar, e pelo influente primeiro-ministro da Austrália, Malcolm Fraser (1930-2015), junto com outros líderes políticos do passado e do presente.

## A IMPORTÂNCIA DO PENSAMENTO DE AYN RAND

Além de romances e peças, Rand escreveu obras de não ficção sobre Filosofia — o estudo da realidade e existência, como conhecemos e entendemos o mundo, e o que isso implica para a moralidade e a política.

### REALIDADE E SUAS IMPLICAÇÕES

Sua abordagem é interessante por muitas razões, em especial porque considera a realidade, a natureza humana, a moralidade, a política, a economia e até mesmo a arte como intimamente ligadas. Enquanto muitos filósofos focam em apenas um elemento, para Rand, todos eles são partes integrantes de um sistema completo.

Rand chamou seu sistema de *Objetivismo*. Seu ponto de partida é a ideia de que existe um mundo real fora de nós que continuaria a existir mesmo sem nós. Podemos conhecer a natureza e o funcionamento desse mundo desde que pensemos *objetivamente*, isto é, analisemos os fatos crus de nossas percepções por meio da razão de modo a entendê-los, construindo uma visão de mundo coerente com eles.

Se soubermos como o mundo funciona, pensava Rand, é possível entender como devemos nos comportar para prosperar nele. Isso nos dá uma nova forma de determinar o que é moralmente certo ou errado, e politicamente viável ou inviável — não conforme a base tradicional da religião, da emoção ou da autoridade, mas conforme a base *objetiva* da *razão*.

### REALIDADE E MORALIDADE

Esta é uma declaração notável. Dada a natureza controversa dos princípios morais e das instituições políticas implicadas pela linha de raciocínio de Rand, fica claro por que suscita tantas críticas. Em política, Rand acredita que a razão recomenda liberdade e capitalismo, e que o código moral ditado por nossa razão não é o altruísmo e o autossacrifício — como muitos moralistas ensinam — mas sim o *egoísmo (autointeresse) racional*.

Esses, diz Rand, nos guiam em direção à vida, à prosperidade, à realização de nossos valores e, portanto, à felicidade. Em contraste, a moralidade tradicional do altruísmo e do autossacrifício causa grandes danos: o sucesso é depreciado e explorado, enquanto o fracasso e a incapacidade são recompensados — um caminho sem volta, diz ela, rumo ao declínio, ao conflito e à destruição. Por ter vivido na Rússia Soviética, talvez entendesse esses problemas melhor do que muitos.

Aceitando ou não a visão de que a moralidade pode ser baseada objetivamente nos fatos, a abordagem de Rand continua a ser uma crítica importante a noções comuns sobre política e moralidade, tais como o marxismo e a religião. Para ela, é a razão e o conhecimento que criam valor — e não o trabalho braçal, como diria Marx. E a fé religiosa não pode mover montanhas, muito menos cultivar alimentos ou curar doentes. Para isso é preciso tecnologia, que, por sua vez, requer mentes criativas.

## UMA NOVA DEFESA DA LIBERDADE

As mentes criativas só podem funcionar se forem livres para interagir com o mundo, pensar, aprender, identificar e atender às nossas necessidades e valores. O processo não pode ser forçado. Para Rand, portanto, a liberdade é essencial para a sobrevivência e o progresso da humanidade.

Essa é uma nova e poderosa defesa da liberdade, baseada no que Rand considerava um entendimento objetivo de nossa espécie e do mundo, e não em opiniões e convenções pessoais e subjetivas. Da mesma forma, nossos arranjos políticos e econômicos devem ser baseados na liberdade. O único sistema econômico compatível com liberdade total, diz Rand, é o capitalismo *laissez-faire*. E ele depende da existência de propriedade privada e do estado de direito por meio dos quais as pessoas podem negociar sem serem coagidas. O papel do estado é apenas submeter todos a essas regras, suprimindo a violência; nenhuma outra atividade estatal pode ser justificada.

## CRÍTICOS E SEGUIDORES

A confiança de Rand em nossa habilidade de conhecer o mundo externo é motivo de controvérsia entre os filósofos. Muitos céticos sugerem que nossas experiências podem ser apenas um sonho, uma ilusão, ou, na melhor das hipóteses, uma distorção da realidade. Outros críticos duvidam até que um conhecimento confiável da realidade possa ser um guia para nossas ações políticas ou morais.

O ideal moral de Rand de que deveríamos rejeitar o altruísmo e valorizar coisas em termos de nosso autointeresse é corruptor, dizem seus críticos, pois ignora a linha tênue, porém crucial, entre autoestima e presunção, autointeresse e ganância, integridade e vaidade; e está em desacordo com a natureza, já que somos seres sociais, programados naturalmente a cuidar dos outros, mesmo se forem estranhos. É possível que todas as religiões do mundo estejam equivocadas em promover o altruísmo? E as conclusões políticas de Rand — liberdade, propriedade privada e estado mínimo — são, é claro, igualmente impopulares entre os acadêmicos.

Mas a oposição acadêmica não implica que as ideias de Rand devam ser descartadas. Pelo contrário, merecem ser levadas a sério — nem que seja pelo fato de terem atraído muitos seguidores de diversas origens.

Petrogrado (atual São Petersburgo), 4 de julho de 1917. Manifestação nas ruas logo após as tropas do governo provisório terem aberto fogo com metralhadoras.
CRÉDITO: © RareHistoricalPhotos.com

# A VIDA DE RAND E SEUS ESCRITOS

## INFÂNCIA CONTURBADA NA RÚSSIA

**AYN RAND NASCEU ALISA ZINOV'YEVNA ROSENBAUM EM** 1905, a primeira de três filhas de uma família russo-judaica de classe média de São Petersburgo. Aos nove anos, já tinha decidido se tornar escritora — inspirada pela história do heroico soldado inglês Cyrus Paltons que havia lido numa revista infantil. Após sua mãe levá-la ao cinema, Rand se apaixonou pela escrita de roteiros.

Em 1917, quando ela tinha apenas doze anos, Petrogrado (como São Petersburgo era então chamada) tornou-se o foco das Revoluções de Fevereiro e Outubro. Quando os bolcheviques chegaram ao poder, confiscaram a farmácia de seu pai e a casa da família.

Para fugir do conflito e das terríveis condições de vida na cidade — retratadas de forma impactante em seu romance semiautobiográfico We the Living (1936) —, a família se mudou para a Crimeia. Seu pai abriu uma nova farmácia, mas essa também foi nacionalizada logo após a chegada do Exército Vermelho. Então, em 1921, quando completou o ensino médio, Alisa retornou a Petrogrado.

Ela foi uma das primeiras mulheres a se matricular numa universidade estatal. A história e a política dos Estados Unidos, assim como peças, música e cinema ocidentais a inspiravam. Além dos romancistas Fiódor Dostoiévski e Victor Hugo, que tinha lido na Crimeia, agora tinha descoberto outros pensadores — como Aristóteles — que viriam a influenciar sua carreira.

Mas (novamente como a heroína Kira em *We the Living*) ficou desanimada pela supressão comunista do livre pensamento e da livre expressão. Junto com outros estudantes "burgueses", foi expulsa da universidade. Porém, após o protesto de alguns professores estrangeiros, completou seus estudos em 1924.

Nesses tempos sombrios, dedicou ainda mais tempo a peças, operetas e filmes ocidentais. Determinada a se tornar roteirista, entrou para o Cinematic Institute em Leningrado (como os soviéticos tinham renomeado a cidade), onde escolheu seu nome profissional de Ayn Rand. Ela sabia que não tinha futuro numa sufocante Rússia comunista, e ansiava por fazer parte da cultura de possibilidades retratada nos filmes americanos. Obteve um visto para visitar parentes em Chicago e, com a ajuda dos pais, viajou aos Estados Unidos. Mas ela não tinha intenção de voltar.

## NOVA CARREIRA NOS ESTADOS UNIDOS

Pousando em Nova York, em 1926, Rand foi arrebatada pelo impressionante (e, para ela, heroico) horizonte de inverno. Logo seguiu para Chicago, onde um de seus parentes tinha um pequeno cinema, permitindo-lhe saciar sua paixão por filmes. Renovou o seu visto e, com US$ 100 emprestados e uma carta de recomendação de um distribuidor de filmes próximo de seus parentes, partiu para a Califórnia.

Em seu segundo dia em Hollywood, teve um encontro casual com o grande cineasta Cecil B. DeMille — que a viu olhando para ele na saída dos estúdios. Ele a contratou como figurante no filme religioso *King of Kings*. Duas semanas depois, Rand conheceu o jovem ator Frank O´Connor, com quem se casou em 1929, alguns dias antes de seu visto expirar. Ela se tornou cidadã norte-americana em 1931.

Rand revisou roteiros para DeMille, depois trabalhou no figurino do estúdio RKO Picture enquanto aperfeiçoava suas próprias habilidades de escrita. Em 1932, vendeu seu primeiro roteiro, *Red Pawn*, um drama de espionagem que se passava numa ilha-prisão russa, para a Universal Studios. *A noite de 16 de janeiro*, drama que se passava num tribunal (em que os membros da plateia agem como júri), foi produzido em Hollywood em 1934 e na Broadway em 1935. Pouco a pouco, Rand se tornava uma escritora de sucesso. Para avançar na carreira, e já prevendo sua temporada na Broadway, Frank e ela se mudaram para Nova York no final de 1934.

Em 1934, finalizou seu romance *We the Living*, mas seu retrato da realidade brutal da vida na União Soviética conflitava com o clima da "Década Vermelha", em que os intelectuais ocidentais elogiavam ativamente o comunismo por sua visão ousada. Tampouco o conceito russo de "romance filosófico" se adaptava bem à cultura americana. Por fim, o livro foi publicado em 1936, recebendo resenhas negativas, embora estivesse sendo bem recebido fora dos Estados Unidos (tendo sido, sem o conhecimento de Rand, transformado em dois filmes na Itália). Pelas mesmas razões, foi sua editora no Reino Unido que, em 1938, lançou seu segundo livro, *Cântico*, uma noveleta que se passava num futuro distópico em que a ideia de individualidade foi extinta.

## O GRANDE LANÇAMENTO

Não obstante, foi muito encorajada por Isabel Paterson, colunista literária e proeminente pensadora libertária do *New York Herald Tribune*, com quem trocava ideias e que assegurou Rand de sua originalidade.

*A nascente*, o romance que a popularizou no mercado literário, foi publicado em 1943 com reações mistas. Críticos desaprovaram o seu tamanho (setecentas páginas) ou viram em seus personagens reproduções estéreis e antipáticas das visões da autora. Mas o boca a boca transformou *A nascente* num grande sucesso literário que, em 1945, já tinha alcançado a sexta colocação na lista dos mais vendidos do *New York Times*.

Como em *We the Living*, seu tema é individualismo *versus* coletivismo — mas, dessa vez, no domínio da criatividade em vez da política. Romance filosófico, seu enredo gira em torno de Howard Roark, um arquiteto visionário e moderno de princípios firmes e inflexíveis — a primeira personificação do homem ideal de Rand — e a heroína Dominique Francon, que partilha de seus valores, mas que preferiu se afastar do que considera um mundo desprezível e tomado pela mediocridade.

*A nascente* tornou Rand famosa como defensora do individualismo. Um de seus leitores e admiradores mais famosos era o ator Gary Cooper, que ofereceu seus serviços à Warner Bros para fazer o papel de Roark no cinema. Rand aceitou voltar a Hollywood para escrever o roteiro, sob a condição de que o estúdio não mudasse nem uma palavra — condição essa que, apesar de discussões, foi honrada.

Quando o filme foi lançado em 1949, críticos apontaram novamente os personagens mais como porta-vozes de uma filosofia do que seres humanos reais. O filme não foi um sucesso comercial, porém atraiu muitos curiosos que impulsionaram as vendas do livro e renderam muito dinheiro a Rand — permitindo que Frank e ela comprassem uma grande casa de campo (apropriadamente modernista) na Califórnia.

## A REVOLTA DE ATLAS

Rand se opunha ativamente à divulgação de filmes simpáticos ao comunismo em Hollywood. Em seu *Screen Guide for Americans*, explicou como os cineastas poderiam detectar e resistir à propaganda comunista em seus roteiros. Em 1947, ela compareceu como testemunha amigável frente à House Un-American Activities Committee. Tudo isso aprofundou a relação já hostil entre ela e os intelectuais de esquerda que dominavam o cinema, a literatura e a crítica.

A essa altura, Rand já trabalhava num novo romance, *A revolta de Atlas*. Para finalizá-lo, regressou a Nova York, onde um grupo de admiradores — ironicamente nomeado de "o coletivo" — se uniu a ela.

Com suas 1.200 páginas, *A revolta de Atlas* foi publicado em 1957. Segundo Rand, seus temas eram "o papel da mente na existência do homem" e sua nova moralidade do *egoísmo racional*. O romance retrata uma economia em crise em que pessoas criativas se recusam a ser exploradas pelos outros, optando por fundar sua própria sociedade baseada no *egoísmo* — uma negação a viver sua vida pelo bem dos outros ou esperar que eles vivam por você. Como em *A nascente*, o enredo envolve um caso amoroso entre a diretora de uma companhia ferroviária, Dagny Taggart, e o inovador magnata do aço, Hank Rearden — e, depois, com o idealizador da greve, John Galt.

Os críticos desprezaram o tom polêmico do romance, sua política e seu tamanho. Mas milhões de leitores acharam o livro, a história e os personagens cativantes — e ainda pensam assim. A obra logo alcançou o terceiro lugar na lista dos mais vendidos do *New York Times*, tornando-se um dos livros mais influentes do mundo. Hoje, continua vendendo dezenas de milhares de cópias ao ano.

## O MOVIMENTO OBJETIVISTA E SEUS DESCONTENTES

A fama de Rand trouxe consigo convites para palestrar em faculdades e participar de programas de TV — seu estilo direto e paixão evidente por suas convicções não convencionais conquistavam audiências.

Em 1962, Rand criou um periódico, *The Objectivist Newsletter*, que se transformou em um periódico ainda maior, *The Objectivist*. Em 1971, foi renomeado como *The Ayn Rand Letter*. Muitos dos ensaios ali presentes foram transformados em uma série de livros de não ficção, incluindo *A virtude do egoísmo* (1964), sobre ética; *Capitalism: The Unknown Ideal* (1966), sobre economia e política;

*The Romantic Manifesto* (1969), sobre arte e literatura; e *Introdução à epistemologia objetivista* (1979), sobre formação de conceitos.

Um dos primeiros seguidores de Rand foi Nathan Blumenthal que, ainda adolescente, quis conhecê-la. Mudou seu nome para Nathaniel Branden e trabalhou com Rand em questões de filosofia e psicologia, na gestão dos periódicos e colaborou para o aumento de sua rede de seguidores. Com sua aprovação, criou o Nathaniel Branden Institute, transformando a promoção e o debate das ideias de Rand em um negócio. A própria Rand se tornou uma palestrante popular e carismática nos eventos do instituto, bem como nos *campi* de várias faculdades americanas.

Rand admirava o intelecto e a motivação de Branden. Em 1954, perceberam que compartilhavam sentimentos românticos (embora ele fosse muito mais jovem e recém-casado). Para a surpresa de Branden, Rand persuadiu seus respectivos cônjuges a aceitar que tivessem um caso; eles se encontravam regularmente no apartamento de Rand.

Em 1968, embora o romance tivesse esfriado, Rand descobriu que Branden estava tendo um outro caso. Houve uma separação espetacular entre os dois, inclusive a ruptura de suas ligações pessoais e profissionais. Num longo artigo publicado no *The Objectivist*, Rand acusou Branden de abusar de sua confiança, explorar o seu nome, descumprir suas promessas e se afastar dos princípios objetivistas. Em resposta, Branden repreendeu seus seguidores por tratá-la como infalível e por julgar pessoas por sua lealdade a ela.

Rand o excluiu totalmente de sua vida e de sua obra. Branden foi expulso do movimento que tinha ajudado a formar — reforçando a imagem de um culto "randiano". Tais animosidades se transformaram em divisões profundas, cujos ecos ainda permanecem no movimento objetivista.

## ÚLTIMOS ANOS

Rand seguiu com suas palestras, adotando posições controversas em muitas questões, incluindo educação, protestos estudantis, aborto, Guerra do Vietnã, alistamento militar, conflito israelo-palestino, leis antimonopolistas e muito mais.

Na década de 1970, no entanto, vários eventos pessoais a distraíram de seu trabalho. Embora a Cortina de Ferro tivesse impedido um contato efetivo com sua família na Rússia, Rand conseguiu, por fim, contatar sua irmã, Nora, que a visitou em Nova York. Infelizmente, a visita só causou sofrimento. O tempo e as circunstâncias tinham criado lacunas irreconciliáveis entre elas e, após uma breve estada, Nora regressou à União Soviética.

Logo depois, Rand — uma fumante inveterada — passou por uma cirurgia no pulmão. Frank, seu marido, também estava doente. Ela parou de escrever artigos e fez menos aparições públicas.

"Perdi meu maior valor", disse ela sobre o falecimento de Frank, em 1979. Embora tenha se esforçado para finalizar o roteiro de uma minissérie de TV baseada em *A revolta de Atlas*, não viveu o suficiente para concluí-lo. Em 1982, voltando de um evento em New Orleans — para sua alegria, e lembrando *A revolta de Atlas*, o organizador tinha fretado um trem privado —, Rand adoeceu. Ela faleceu logo depois em seu apartamento em Nova York. Sobre o seu caixão foi colocado um grande sinal do dólar — seu símbolo de um "país livre — para a realização, o sucesso, a habilidade e o poder criativo do homem."

## INFLUÊNCIA CONTÍNUA

Após sua morte, o seu colega intelectual mais próximo (e também seu testamentário e herdeiro), Leonard Peikoff, criou o Ayn Rand Institute para promover suas ideias. Diferenças filosóficas quanto à natureza do Objetivismo levaram o colega e aluno de Peikoff, David Kelley, a criar um instituto rival, o Institute for Objectivist Studies (posteriormente chamado de Objectivist Center e, hoje, Atlas Society).

Hoje, já existem grupos objetivistas em quatro continentes, enquanto a Anthem Foundation for Objectivist Scholarship, criada em 2001, financia professores em várias faculdades nos Estados Unidos. Por meio dessas e outras fontes, a filosofia de Rand está sendo cada vez mais discutida em periódicos acadêmicos e livros.

Enquanto isso, mais produções de Rand foram publicadas, incluindo livros baseados em suas cartas, periódicos, ensaios, entrevistas e discursos. Os filmes italianos foram relançados como *We the Living*; a peça de teatro *Ideal* foi encenada; o romance *Cântico* foi adaptado ao teatro; vários roteiros e contos foram publicados. Houve versões de *A noite de 16 de janeiro* em Bollywood e também no Brasil, pelo diretor Jô Soares.

Foram escritas diversas biografias. Entre elas, uma escrita por Nathaniel Branden e sua esposa Barbara, que virou filme. Aparecem ainda documentários, como o filme indicado ao Oscar, *Ayn Rand: A sense of life*.

Rand é hoje uma parte central (mesmo que controversa) da cultura popular. Em 1999, sua imagem apareceu num selo do correio norte-americano. *A revolta de Atlas* voltou ao primeiro lugar da lista dos mais vendidos na categoria ficção após a crise de

2008, em meio ao receio de uma recessão econômica semelhante à descrita no romance. É evidente que as pessoas ainda recorrem a Rand em busca de respostas — e de força.

# RESUMO DA VISÃO DE MUNDO DE RAND

**EM UMA CONFERÊNCIA DE VENDAS PARA *A REVOLTA DE***
*Atlas*, Rand foi questionada se poderia explicar sua filosofia —
como entendia o mundo e a humanidade — enquanto se equilibrava numa única perna. Ela o fez, com as seguintes palavras:

> "Metafísica [*a natureza do universo*] – realidade objetiva;
> Epistemologia [como podemos conhecer o universo] – razão
> Ética [*os princípios morais que guiam nossa vida*] – autointeresse; egoísmo racional.
> Política [os princípios da organização social] – capitalismo."

Ela ainda não tinha escrito a fundo sobre arte, mas poderia ter adicionado:

> "Estética [*os princípios da arte*] – romanticismo."

Essas definições resumem bem a filosofia do Objetivismo de Ayn Rand. Para ela, a filosofia era vital para todas as questões humanas. Não podemos escolher corretamente os princípios políticos de uma sociedade sem ligá-los aos princípios morais compatíveis com a vida humana. Por sua vez, esses princípios morais devem se basear em um conhecimento claro do mundo e seu funcionamento. E, para isso, precisamos usar um método lógico e válido.

Para prosperarmos, portanto, devemos conduzir nossas vidas de *forma objetiva* e viver com base na realidade propriamente entendida por meio da razão e da lógica. Não podemos prosperar seguindo nossos caprichos, preconceitos ou ilusões. Devemos *escolher* aceitar a realidade, pensando de forma racional e objetiva.

## RAND SOBRE A REALIDADE

A metafísica de Rand reflete sobre nossa busca pela natureza última da realidade, das coisas e da existência. Em que tipo de mundo vivemos? Ele é real ou apenas uma ilusão? Ele é natural, ou controlado por um ente sobrenatural?

Rand insiste que o mundo é real e natural. Existem coisas sólidas ao nosso redor, das quais tomamos conhecimento quase automaticamente. E também sabemos que essas coisas existem, e continuam a existir, mesmo quando não estamos olhando. Em outras palavras, a própria *existência* é real — ou, como Rand afirma, "a existência existe". Nosso mundo, ela conclui, não é um sonho, nem algo mágico, ilógico ou arbitrário. As coisas existem e se relacionam entre si sem contradições: somos rodeados por coisas sólidas e fatos sólidos.

## RAND SOBRE O CONHECIMENTO HUMANO

O foco da *epistemologia*, a teoria do conhecimento, é como obtemos conhecimento confiável sobre este mundo. Não diz respeito *ao que* sabemos — isso é ciência —, mas *como* sabemos. Para Rand, isso depende tanto da realidade como de nossa capacidade.

Nossos cérebros automaticamente nos tornam cientes de que as coisas *existem*, de que as coisas *são*, ela explica. Mas, para sobreviver e prosperar, também precisamos aprender o *que* essas coisas são. No entanto, esse processo não é automático: não nascemos sabendo o que tudo é. Temos que aprender, o que requer esforço e raciocínio deliberado. Devemos focar nossa mente no problema, descobrir o que as coisas são, e garantir a validade de nosso método e conclusões.

É esse uso deliberado da *razão*, diz Rand, que gera conhecimento sobre a base de nossa consciência. A razão é uma faculdade exclusivamente humana pela qual identificamos as coisas — dividindo-as em categorias distintas, tais como "humanos", "animais" ou "árvores" — com base em suas características diferenciadoras essenciais. E, por meio da lógica, garantimos que as categorias criadas — ou conceitos que formamos são consistentes e não contraditórios.

Rand acredita que essa faculdade especial explica o sucesso humano, pois permite arquivar, gerir e utilizar uma vasta gama de informações sobre o mundo; permite sintetizar um número enorme de observações em uma ideia simples; permite refletir sobre conceitos muitos abstratos como "liberdade", "negócios" ou "prosperidade" e como se relacionam. Isso nos ajuda a viver e prosperar.

## RAND SOBRE A MORALIDADE

*Ética*, o estudo de como formamos julgamentos morais, lida com o conceito abstrato de "bem". Não nascemos sabendo o que é bom ou mau, diz Rand: devemos aprender. Felizmente, assim como aprendemos sobre a natureza da existência pelo uso de nossa razão, é também possível conhecer os princípios da moralidade.

Segundo Rand, a chave para entender os valores morais é a *vida*. A razão pela qual seres vivos têm valores — e seres inanimados não — é que somos confrontados com escolhas que fazem diferença para nós. Nosso conforto, segurança, saúde — e, em última instância, nossa própria sobrevivência, para a qual todos esses valores contribuem — dependem do que fazemos.

Rand conclui que a medida, ou *padrão* de valor, é a vida humana. E, para cada indivíduo, nosso propósito moral é a nossa própria vida.

A tradicional moralidade do autossacrifício — *altruísmo* — é destrutiva, destaca Rand. O autossacrifício prejudica a sua própria vida, enquanto o sacrifício dos outros o encoraja a viver como parasita. Nenhum deles é sustentável; o altruísmo não pode ser uma virtude. Em vez disso, é preciso valorar por conta própria, agir de acordo com seu autointeresse racional de longo prazo e lutar por seus próprios valores. A recompensa *dessa* moralidade, diz ela, é vida, felicidade e autoestima.

## RAND SOBRE POLÍTICA E ECONOMIA

Rand argumenta que os valores e princípios da organização social — *política* — resultam logicamente da ética que guia nossas ações individuais (o que, por sua vez, depende de como entendemos a realidade). A filosofia conduz tanto o destino das nações como a vida de cada indivíduo.

Aquilo que liga as ações individuais às sociais, diz Rand, são os direitos — princípios morais que determinam quando indivíduos são livres para agir sem que outros restrinjam sua liberdade. E, como nosso padrão de valor é a vida, diz ela, o direito mais básico é o direito à vida. Dele derivam todos os outros.

Por exemplo, se quisermos viver como seres humanos plenos, devemos usar e agir sobre nossa razão. Então, o direito à vida implica o direito a pensar, trabalhar produtivamente e manter os frutos de nossos esforços — isto é, a propriedade que criamos. O único sistema que garante tudo isso, conforme Rand, é o capitalismo *laissez-faire*, livre da intervenção governamental.

É certamente possível a violação de nossos direitos através da força. Mas isso é errado, diz Rand, porque nos obriga a agir contra nossa própria razão, conhecimento e valores. Portanto, a força deve ser combatida. Infelizmente, não podemos contar que os indivíduos retaliem de forma racional e proporcional. Então, precisamos de uma agência — o governo — que possa proteger nossos direitos ao tomar ação adequada contra aqueles que iniciam o uso da força. Não é uma função simples e exige um sistema jurídico composto de tribunais, força policial e punições. Mas a defesa dos direitos individuais é a única função do governo, e nada mais.

## RAND SOBRE ARTE E LITERATURA

Rand considera a *estética* — os princípios da arte — como outro ramo da filosofia. Enquanto a ética examina como podemos fazer o que é bom, a estética examina como a arte comunica o que é importante. Novamente, não se trata de capricho ou mistério, mas de um processo racional.

Rand explica que os verdadeiros artistas — incluindo pintores, escultores, autores e dramaturgos — focam nossa atenção ao selecionar e representar as coisas que consideram importantes, omitindo o que julgam trivial ou acidental. Dessa forma, recriam a realidade, presenteando-nos com uma versão concreta que nos ajuda a aprimorar nosso entendimento da existência.

A arte pode comunicar conceitos abstratos ao expressá-los num formato físico que podemos compreender diretamente; pode nos ensinar algo sobre o mundo e seu funcionamento. É por isso que precisamos dela. E podemos avaliar uma obra de arte por meio desses princípios estéticos, mesmo se discordarmos de sua mensagem.

## A IMAGEM DO "SER HEROICO" PARA RAND

Os heróis da ficção de Rand refletem os ideais morais de sua criadora. São individualistas, confiando em seus próprios valores, julgamentos e esforços. Não esperam nada de graça dos outros, e não reconhecem o direito de ninguém tirar suas coisas. Têm total noção de seu próprio valor moral, bem como do valor dos que genuinamente conquistam respeito. Desprezam parasitas. São inteligentes, racionais, criativos, visionários, decididos e confiantes — orgulhando-se de sua integridade, conquistas e realizações.

Os antagonistas dos romances de Rand não vivem pela razão: são saqueadores que usam a força ou o poder governamental para explorar os pensadores criativos; parasitas que se alimentam dos realizadores; medíocres que não pensam por conta própria; conformistas que não querem ser incomodados; manipuladores que querem convencer os outros a atenderem seus desejos; ou aqueles que simplesmente odeiam os outros por seu sucesso.

Esse é o termômetro com que Rand mede os valores de nossa cultura. Em sua ficção, como em seus outros escritos, fica clara a sua crença de que, em última instância, apenas uma cultura de razão pode sobreviver.

# RAND SOBRE A NATUREZA DA REALIDADE

**PARA RAND, NOSSA VISÃO DE MUNDO – OU *FILOSOFIA* –** influencia todo aspecto de nossa conduta. Para prosperar em nossas atividades pessoais, sociais, políticas ou econômicas, precisamos ter um entendimento claro do mundo e da natureza humana.

A *Metafísica*, que é o estudo da natureza fundamental da realidade e da existência, é um bom lugar para começar. Embora muitos filósofos tenham questionado se o mundo que vivenciamos poderia ser um sonho, uma distorção, uma ilusão ou mero reflexo de uma realidade mais profunda, Rand adota a visão do bom senso. O mundo de que estamos cientes, ela insiste, é a realidade. O nosso desafio é entendê-lo.

Somos automaticamente cientes da existência das coisas: podemos vê-las e tocá-las. Mas embora nossas sensações e percepções nos informem de que as coisas existem, não nos dizem o que elas são. Se quisermos sobreviver e prosperar, é nisso que deveríamos focar. E quando aplicamos nossa razão a esse problema, descobrimos que o mundo não é mistério ou ilusão, mas uma realidade de coisas e fatos sólidos. É *nessa* realidade que nossas vidas e atividades deveriam ser baseadas.

## AXIOMAS BÁSICOS

Para mostrar as razões de sua argumentação, Rand começa com três *axiomas* — declarações de fatos que, afirma ela, são verdades autoevidentes.

Primeiro, sabemos que as coisas existem. Nossos cérebros nos tornam cientes delas. Podemos não conhecer sua natureza específica — exatamente o que são ou como se comportam —, mas sabemos que estão aí. E sabemos que não desaparecerão quando não estivermos olhando. Elas têm uma existência própria. Ou, como Rand afirma: "a existência existe'".

Segundo, estamos cientes de que as coisas existem. Nós as percebemos e estamos conscientes delas. Isso significa que nós devemos existir, e que nossa consciência existe. O fato de sermos conscientes também implica que as coisas existem. Não podemos ter consciência do nada; temos de ter consciência de alguma coisa.

Terceiro, ser algo implica que uma coisa deve ter uma *identidade* — um conjunto de atributos que a distinguem como uma coisa particular, e não outra. Rand coloca: "Existência é identidade" ou "A é A" — não se pode separar a existência de algo (que é) de sua essência (o *que* aquilo é). Uma coisa tem de ser algo, e não pode ser, ao mesmo tempo, outra coisa. Essa é *lei da identidade*.

Existência, consciência e identidade estão, portanto, interligadas. E são autoevidentes: não requerem prova além do que vivenciamos. De fato, diz Rand, para desmenti-las, teríamos que as presumir: não é possível propor nenhum argumento sem referência a coisas e sua consciência delas. Juntos, esses axiomas formam a base de todo o nosso conhecimento e capacidade de raciocínio.

## IDENTIDADE E CAUSALIDADE

A percepção, que nos diz que as coisas são — que elas existem —, é automática. Mas a razão, que nos permite entender o que as coisas são, e como se comportam, não é automática. Ela requer escolha. Exige que pensemos, e pensemos objetivamente.

Para explicar o processo, Rand imagina como uma criança aprende a ver o mundo. No início, a criança experimenta apenas uma confusão de diferentes cores, cheiros, ruídos, sabores e outras sensações. Mas o cérebro da criança conecta automaticamente essas coisas em grupos de sensações — percepções — que a tornam capaz de ter consciência de coisas, e não apenas de sensações individuais e aparentemente aleatórias. Então, em vez apenas de um borrão de cores e formas, ela vê a coisa como um todo, a entidade por inteiro, como uma mesa, por exemplo.

Logo depois, a criança observa os atributos, a escala, as ações e as relações dessas entidades, vindo a perceber como se comportam e como a afetam de formas diferentes, porém consistentes. Uma mesa, por exemplo, é dura ao toque, enquanto um ursinho de pelúcia é macio. Um cachorro corre e late, mas uma tábua não. Uma tábua pode esmagar um ursinho de pelúcia, mas ursinhos não podem esmagar mesas. A maneira como as coisas se comportam e afetam outras coisas — *causalidade* — também faz parte de sua identidade. A causalidade, como dito por Rand, é a lei da identidade aplicada à ação.

## EXISTÊNCIA E CONSCIÊNCIA

A criança também nota outra coisa. Ao fechar os olhos, as coisas parecem desaparecer; ao abri-los novamente, vê que ainda estão lá, inalteradas. É assim que nos tornamos cientes da existência, e de nossa própria consciência. Tornamo-nos cientes de que as coisas têm uma existência própria, independente de nós. Não podemos mudar a existência fechando nossos olhos ou desejando que as coisas sejam diferentes.

É por isso que, segundo Rand, é inútil simplesmente desejar que as coisas sejam diferentes, rezar para que mudem ou esperar que desapareçam se as ignorarmos. As coisas continuam inescapavelmente da forma que são: existem e se comportam de acordo com sua natureza fundamental, sejam quais forem nossos desejos ou intenções particulares. Ou, como diz ela, a existência tem primazia sobre a consciência.

Em outras palavras, não podemos afirmar conhecer o mundo olhando para dentro, para nossos sentimentos; precisamos olhar para fora, para os fatos da realidade. O mundo não é produto de nossa imaginação, diz Rand, nem algo que podemos criar ou mudar à vontade. Ele é um dado, e deve ser respeitado como tal.

## NECESSIDADE E ESCOLHA

Não há outra alternativa senão aceitar o metafisicamente dado, diz ela. Fatos são fatos: as coisas são o que são, existindo e se comportando segundo a sua natureza, independentemente de nós. São partes necessárias de uma realidade inescapável.

As únicas coisas não necessárias em nosso mundo são as coisas que nós, por nosso próprio livre-arbítrio, escolhemos fazer ou produzir. Mas, mesmo então, nossas escolhas ainda são limitadas pelos fatos da realidade. Não podemos forçar as coisas a serem o que não são, por exemplo, nem alterar eventos apenas desejando que mudem. Por certo, podemos rearranjar coisas que já existem — transformando argila e palha em tijolos, digamos —, mas não podemos criar coisas do nada.

Independentemente do que escolhamos fazer, devemos simplesmente aceitar os fatos da natureza. Não faz sentido culpá-los por nossos fracassos, pois são metafisicamente dados. No entanto, os fatos que resultam de nossas escolhas são diferentes: podem, e devem, ser considerados bons ou ruins — se quisermos escolher com mais sabedoria no futuro.

## A REJEIÇÃO DA REALIDADE

Negligenciar essa diferença leva a erros profundos. De início, critica Rand, muitos supõem que os produtos da escolha humana — a cultura política, por exemplo — não podem ser modificados.

Assim, se entregam a uma conformidade cega, seguindo a norma, a multidão ou o ditador.

Outros, chamados de *idealistas*, como o filósofo grego Platão, imaginam que o mundo é controlado por (ou é mera sombra de) algo sobrenatural. Isso leva alguns a acreditar que podemos mudar a realidade através de nossos sentimentos, desejos ou orações. Mas isso é fantasia, contesta Rand. A postura idealista presume que a consciência (ou "espírito") tem primazia, ignorando os axiomas básicos da realidade. E, por não ser baseada na razão, leva a contradições.

Existem também os *materialistas*, tais como o pensador político alemão Karl Marx e o psicólogo "behaviorista" americano B. F. Skinner, que aceitam os fatos, porém negam o papel da consciência, vendo-a como uma ficção mística ou mero subproduto da atividade cerebral física. Mas, como Rand argumenta, sem percepção e consciência não teríamos qualquer compreensão da realidade.

É difícil adquirir conhecimento válido da realidade. Será mais fácil se entendermos o processo e o método que devem ser adotados para isso. E esse é o segundo ramo da filosofia de Rand.

# COMO ENTENDEMOS O MUNDO

**ESTE SEGUNDO RAMO É A *EPISTEMOLOGIA* – COMO OBTEMOS** conhecimento e entendimento sobre a realidade. Não o *que* sabemos (novamente, isso é ciência), mas *como* sabemos.

## O PROCESSO DE ENTENDIMENTO

Dados brutos sobre o mundo chegam até nós, explica Rand, através dos sentidos. Nosso cérebro automaticamente detecta aquele fluxo aparentemente aleatório de sensações não relacionadas e as processa em *percepções* coerentes. Elas nos tornam cientes de que as coisas existem.

Mas entender o que essas coisas *são* não é um processo automático. Requer um ato de vontade de nossa parte — o uso deliberado da mente e — para transformar percepções cruas *de* coisas em conhecimento útil *sobre* elas. Esse processo deliberado é o que Rand chama de *razão*.

A razão envolve a integração consciente de nossas percepções em agrupamentos mentais chamados de *conceitos*. É pelo desenvolvimento, refinamento e teste de nossos conceitos que podemos compreender a verdadeira natureza das coisas. Isso demanda foco e esforço, já que não nascemos com uma mente repleta de conceitos que refletem verdadeiramente a realidade. Precisamos aprender e seguir regras sólidas de raciocínio se quisermos criá-los. Precisamos manter nosso raciocínio objetivo — e não distorcido por nossos preconceitos, sonhos ou caprichos.

### A VALIDADE DOS SENTIDOS

Alguns céticos afirmam que o argumento de Rand falha no primeiro obstáculo. Não podemos ter conhecimento válido do mundo, dizem eles, porque nossos sentidos podem distorcer a realidade que nos transmitem. Mas, para Rand, nossas percepções são perfeitamente válidas. A única função de nossos sentidos é nos tornar cientes da existência de algo. Então, depende de nossa razão entender exatamente o que existe.

Realidade e consciência estão interligadas. Nossas sensações se originam parcialmente da natureza de objetos reais, e parcialmente da natureza de nossos próprios órgãos sensoriais. Podemos experimentar a realidade de forma diferente — como acontece entre pessoas com visão normal e daltônicas — mas é a mesma realidade, diz Rand, como a razão pode nos demonstrar.

Cor, sabor e outras sensações não estão apenas "na mente", independentes de objetos reais. Tampouco são qualidades intrínsecas dos objetos, independentes de nós. Em vez disso, são os efeitos dos objetos sobre nós. E é assim que percebemos a realidade. Não há distorção: tanto o objeto como nossos sentidos fazem parte de nossa percepção. Erros e distorções só podem ocorrer quando começamos a pensar de forma consciente sobre o que essas percepções realmente representam.

## ESTÁGIOS INICIAIS DA CONSCIÊNCIA

Existem diversos estágios nesse processo. Como já destacado, bebês experimentam primeiro sensações aparentemente isoladas, aleatórias. Depois, nossos cérebros jovens integram automaticamente essas sensações em percepções. Então, em vez de experimentar uma confusão de figuras e formas verdes e marrons, por exemplo, percebemos um conjunto coerente de sensações (um preceito), que um adulto chamaria de "árvore".

Estamos agora cientes de uma coisa, uma entidade, algo diferente de outras entidades e sensações subjacentes. Em um primeiro momento, todo preceito — cada "árvore" individual que percebemos — parece única. Mas, novamente, nossos cérebros jovens começam automaticamente a perceber diferenças, semelhanças e relações entre elas. Passamos a ver entidades não mais como únicas, mas como membros de um grupo de objetos ("árvores") que têm características que as unificam.

## FORMAÇÃO DE CONCEITOS

Até aqui, o processo é automático — em humanos e animais. Mas, agora, passamos a fazer algo unicamente humano, crucial para nosso entendimento e sobrevivência. Após nossos cérebros terem isolado automaticamente esses preceitos, distinguindo suas similaridades e diferenças, aplicamos a nossa razão, integrando-os em novos grupos — em novas entidades mentais, que chamamos de *conceitos*.

Isso demanda um esforço consciente: que escolhamos pensar sobre a natureza essencial de coisas diferentes. Mas, pelo uso de conceitos, podemos processar e utilizar muito mais informação sobre o mundo, aumentando nossas chances de sobreviver e prosperar. Se considerássemos cada árvore como um objeto único, haveria um limite mental de nossa capacidade de registro de árvores individuais. Com o conceito "árvore", todavia, podemos falar sobre todas as árvores — não apenas aquelas que vemos, mas todas elas, estejam onde estiverem, do passado, presente ou futuro.

Podemos ir além, construindo a partir desses conceitos *existenciais* que remetem a objetos sólidos, como "árvore", conceitos *abstratos* que existem apenas em nossas mentes, tais como "árvores" — ou abstrações ainda mais complexas como "vegetação", "vida" ou "natureza".

Esse é um grande benefício que nos permite agir com base em algo muito mais sofisticado do que sensações e percepções imediatas, bem como analisar e planejar muito além do momento presente. Podemos, assim, entender conexões causais entre conceitos abstratos — porém vitais — como "negócios" e "riqueza".

Em outras palavras, conceitos são uma forma de conhecimento que nos ajuda a tomar decisões e planejar, promovendo nossa sobrevivência e prosperidade.

## *UM PROCESSO ATIVO*

Novamente, não é um processo automático. É um processo ativo, deliberado e consciente para identificar como classificar mentalmente nossa percepção das coisas de forma mais útil e precisa. Desenvolver conceitos válidos, insiste Rand, requer esforço, pensamento, filosofia, método e foco. É um processo mental voluntário — às vezes, longo e difícil — ao qual temos que escolher nos dedicar. Pode nos envolver numa longa cadeia de conceitos — partindo de conceitos existenciais sobre preceitos ("árvore"), passando por conceitos abstratos sobre eles ("árvores"), chegando, por fim, a conceitos ainda mais abstratos ("vegetação"). Conceitos altamente abstratos (como "justiça", "bravura" ou "amizade") envolvem abstrair milhares de observações e outras centenas de conceitos. E, quanto mais distantes estão os conceitos do nível perceptual, mais difícil é a sua formulação correta. Um conceito equivocado pode confundir nosso pensamento.

É, portanto, vital que nossos conceitos cumpram seu propósito — que é revelar as semelhanças e as diferenças essenciais entre as coisas. Podemos desenvolver conceitos bons que fazem isso bem, mas também conceitos ruins que erram nas características essenciais que distinguem as coisas. Isso se aplica à maioria de nossos conceitos abstratos.

Precisamos de um bom método em cada estágio do processo, garantindo que nossos conceitos estejam arraigados em fatos sólidos, fechados com a realidade e sem contradições. Apenas assim teremos o conhecimento adequado de que precisamos para fazer escolhas racionais e agir sobre os nossos interesses de longo prazo.

### LINGUAGEM E IDENTIDADE

Rand argumenta que outra faculdade humana — *linguagem* — é instrumental para que possamos administrar mentalmente nossos conceitos. Nomeamos cada um deles, transformando-os em "concretos" que são geridos por nossas mentes. Esses nomes identificam nossos conceitos: são "rótulos" que resumem o conteúdo de cada "arquivo" mental. Logo, a linguagem é uma ferramenta essencial para a formação de conceitos — e, portanto, parte essencial de *como* pensamos.

Mas atribuir identidade aos conceitos pode ser difícil. Por exemplo, questiona Rand, como definir "homem"? Essa definição deve resumir todas as características essenciais que diferenciam um homem de todo o resto; deve ser aplicável a *todos* os homens — do passado, do presente e do futuro. Quanto mais abstrato um conceito, mais difícil é defini-lo.

Identificar o que nos torna humanos é particularmente importante para Rand, dado seu foco na ação e na razão humanas. Seguindo Aristóteles, propõe a definição de que somos animais racionais. Outras características também podem nos diferenciar deles — nossos polegares opositores, por exemplo. Para ela, no entanto, uma definição deve focar no fundamental, e não no acidental — e a característica mais importante que nos separa dos outros animais é o fato de sermos racionais. Temos uma faculdade mental que identifica e integra dados perceptuais sob a forma de conhecimento.

### PENSAMENTO, REALIDADE E LÓGICA

Novamente, essa definição engloba um grande conjunto de observações sobre os seres humanos, seus pensamentos e ações. Uma palavra, brinca Rand, vale mil imagens. Não importa o nível de abstração de nossos conceitos (tais como "homem", "cultura", "sucesso", "humanidade"), eles devem refletir a realidade em todos os estágios. Nossas definições não podem ser rótulos arbitrários que inventamos a gosto, mas sim derivar de fatos reais e precisos — isto é, objetivos.

Nosso conhecimento conceitual é hierárquico — inserimos arquivos mentais dentro de outros arquivos mentais, com níveis crescentes de abstração (digamos, "cadeira" dentro de "móveis", "utensílios domésticos" dentro de "propriedade") e de afastamento de nossas percepções brutas. Então, para que nossos conceitos abstratos sejam válidos, precisamos garantir a validade de cada estágio de sua criação, de modo a rastrear suas origens ao nível perceptual.

A lógica é o método pelo qual verificamos se nossos conceitos correspondem à realidade. As identidades que estabelecemos, bem como as definições que utilizamos para descrevê-las, não devem levar a contradições. A lógica trata de estabelecer o que implicam nossos conceitos e definições, e, então, os corrige de acordo se surgirem contradições. Devemos ser capazes de traçar uma linha de argumento livre de contradições até o fato perceptual ou os axiomas autoevidentes que lhe deram origem. Um erro muito comum, reclama Rand, é construir nossos conceitos sem considerar erros passados.

## CONHECIMENTO E SEUS CRÍTICOS

Antes de Rand, muitos filósofos sugeriram a existência de uma realidade independente de nós e de nossas mentes que podemos vir a conhecer. A lista desses realistas, como são chamados, inclui Aristóteles, Tomás de Aquino, Francis Bacon, René Descartes, John Locke e muitos outros.

Uma diferença chave é que, enquanto a maioria dos realistas pensava que a única ligação que temos com a realidade é a evidência questionável de nossos sentidos, Rand também é uma realista com respeito à percepção. Nossas percepções, defende ela, não são apenas um conjunto de dados sensoriais que são detectados por nossos (potencialmente não confiáveis) órgãos sensoriais, mas uma consciência direta das coisas. Outros pensadores, como Thomas Reid, defendem visões similares, porém ainda são minoria.

Outra diferença é que Rand não é uma realista com relação a conceitos abstratos — como Platão e Tomás de Aquino, por exemplo. Para ela, podemos perceber que uma determinada "árvore" existe, independentemente de nós. Mas "árvores" e "vegetação" não são coisas "reais" que existem independentemente de nós: são ideias abstratas que formamos e que existem apenas em nossas mentes, servindo como um sistema de arquivamento que gera ordem mental para nossas percepções.

Mas Rand considera a realidade — e como a conhecemos — como mais do que um debate entre *realistas*, que presumem a existência de um mundo real, e *céticos*, como o filósofo escocês David Hume, que argumentam que não podemos conhecer qualquer realidade além de nossas próprias sensações. Sua visão é a de que coisas reais existem, porém sabemos disso apenas por seus efeitos sobre nós e sobre como pensamos sobre elas. A realidade não pode ser separada de nossas mentes, tampouco nossas mentes podem transformar a realidade no que queremos. Para sobreviver e prosperar, precisamos escolher pensar objetivamente sobre o que vivenciamos, construindo, através da lógica e da razão, uma imagem clara do mundo, arraigada nos fatos.

### *A INVALIDADE DO AGNOSTICISMO*

Algumas pessoas, observa Rand, rejeitam métodos objetivos e acreditam em Deus, em reencarnação, ou que os planetas controlam as nossas vidas. E elas afirmam que, a menos que consigamos provar que estão erradas, devemos admitir a possibilidade de estarem certas. Pelo menos, devemos admitir que não temos certeza, permanecendo *agnósticos*.

Não, diz Rand. Não temos obrigação de refutá-las, nem mesmo de considerá-las merecedoras de importância e discussão. O ônus da evidência factual em apoio de suas crenças é sempre de quem afirma. Se não puder apresentá-la, devemos desconsiderar suas alegações como meramente arbitrárias — sem maior base concreta na realidade do que qualquer outra ideia aleatória.

É, portanto, ilegítimo transferir o ônus da prova para quem critica, ou afirmar que temos de aceitar a incerteza. Se nos engajamos num processo lógico construído sobre evidências sólidas dentro do contexto dos fatos disponíveis, não há incerteza, e muito menos motivo para agnosticismo.

### RAZÃO E EMOÇÃO

Outros críticos defendem que somos guiados por nossos desejos e emoções, e que a razão meramente nos mostra a melhor forma de alcançar nossos fins. "A razão é escrava das paixões", como diz David Hume. Para Rand, isso não faz sentido: são os pensamentos que guiam as emoções, e não o contrário.

Ela lembra que a razão é a faculdade que identifica as coisas e as arquiva como conceitos. Emoções são o produto desse processo racional. Emoção é a nossa resposta psicológica a algo que valoramos de alguma forma — por exemplo, bom, ruim, útil ou perigoso. Mas, para saber o que algo *significa* para nós, primeiro devemos saber o que esse algo *é*. Devemos já ter aplicado a nossa razão: a razão precede nossas emoções. Emoções podem ser úteis de outras formas, mas não podem nos dizer o que é verdade.

## A POSIÇÃO FILOSÓFICA DE RAND

Rand conclui que a filosofia tradicional é falha por não compreender que o conhecimento é produto da relação íntima entre realidade e mente. Para enfatizar tal ponto, descreve o processo de aquisição de conhecimento como *psicoepistemologia*.

Adotar a filosofia correta, então, é crucial para entender o mundo e agir. E isso é tão verdadeiro para nossas ações morais como para qualquer outra coisa.

# RAND SOBRE MORALIDADE

**PENSAR SOBRE VALORES E AÇÕES MORAIS É DE VITAL** importância para os seres humanos, afirma Rand, porque — de forma única entre os seres vivos — temos a habilidade de escolher como nos comportamos, como tratamos os outros, e as virtudes e os ideais aos quais aspiramos. Mas, se quisermos fazer *boas* escolhas morais, precisamos primeiro fazer outra escolha. Precisamos escolher pensar *objetivamente* — isto é, usar a nossa razão e foco para estabelecer a verdadeira natureza das coisas, sem escorregar ou evadir. Rand explica o que essa escolha implica de forma tão concisa quanto resumiu sua filosofia em geral:

> "Para qual fim o homem deveria viver? – Resposta: *vida*.
> Por quais princípios básicos deveria agir para alcançar tal fim? – Resposta: *razão*.
> Quem deveria lucrar com suas ações? – Resposta: *ele próprio*."

## FATOS E VALORES

Por séculos, filósofos morais têm refletido sobre o problema de como provar a validade de seus julgamentos morais. Podemos provar fatos — o que *é* —, mas como provar valores — o que *deve ser*? Quase sempre adotam uma de duas respostas possíveis: ou que a religião, a tradição ou outra autoridade nos dizem que valores e ações são bons ou ruins; ou que bem e mal, certo e errado, são meramente questões de opinião pessoal.

Nenhuma delas, protesta Rand, é objetiva: ambas consideram fatos e lógica como irrelevantes. Mas valores morais *são* objetivos, insiste ela. Eles *podem* ser derivados logicamente dos fatos. Assim como a razão pode nos mostrar a natureza da realidade, também pode nos mostrar a natureza do bem e do mal. Essa busca — *ética* — é racional: na medida em que escolhemos usar nossas mentes, podemos descobrir valores morais por meio da razão.

E o fato principal do qual derivam os valores morais é a vida, diz ela.

## VIDA E VALOR OBJETIVO

Um *valor*, explica Rand, é algo que os seres humanos se esforçam para conquistar (ou manter). Podem, por exemplo, valorizar conforto e segurança, agindo para garanti-los pela busca de objetivos específicos (como alimento, água e abrigo). Mas todos esses valores e metas servem a um fim último: a *autopreservação* de sua vida.

Para Rand, portanto, o próprio conceito de valor depende da existência de um *agente racional* — que encara uma alternativa que faz diferença para ele (tais como fome ou satisfação, e, em última instância, vida ou morte).

Em contraste, coisas sem vida não têm valores. Uma pedra, por exemplo, não tem propósito ou objetivos, e é incapaz de tomar qualquer ação. Mas algo que possa agir sem ser prejudicado — como um robô indestrutível— tampouco tem valores. Tudo que fizer (ou deixar de fazer) é indiferente para ele: sua ação não gera valores.

## PADRÃO MORAL

Por sua vez, os animais são guiados pelo instinto a perseguir coisas que são geralmente boas para eles. Mas nós, seres humanos, somos diferentes. Podemos escolher como agir. Isso nos dá muita flexibilidade — embora também implique que podemos fazer escolhas ruins que podem nos destruir. É para isso, diz Rand, que serve a ética. Com nossa própria existência em jogo, precisamos de algo que nos conduza em direção ao objetivo final da vida — nossa *própria* vida — afastando-nos de erros destrutivos.

Para saber que ações se provarão destrutivas, temos de usar nossa razão. Devemos aceitar nossa natureza como seres humanos, esforçando-nos para identificar o que normalmente promove nossa sobrevivência — sobrevivência, isto é, como seres racionais, propositais, produtivos e virtuosos.

Com base nesse entendimento, precisamos identificar e adotar o tipo de vida e valores de que um ser humano necessita para sobreviver e prosperar — um código moral que nos ajudará a escolher ações específicas que promoverão tal fim.

Para Rand, portanto, a vida é o padrão último de valor — o princípio contra o qual nossas escolhas individuais podem ser medidas e julgadas boas ou ruins. O que promove nossa vida é bom, o que a ameaça é ruim. Aqueles que acreditam que valores morais são meramente questões de escolha pessoal ou estabelecidos por Deus ou alguma outra autoridade se equivocam na questão ética, pois perdem de vista o fato de que os valores morais têm uma *função* — a função objetiva de preservar a vida.

## O CONCEITO DE VALOR OBJETIVO

Dada a natureza objetiva da moralidade, diz Rand, podemos adquirir conhecimento moral exatamente como fazemos com outros tipos de conhecimento: um sistema mental de arquivamento, baseado em fatos e desenvolvido pela razão, que nos ajuda a entender, fazer boas escolhas e sobreviver. Como quaisquer outros conceitos, ideias morais como bom, mau, certo, errado, justo ou injusto são abstrações mentais que nos permitem processar uma vasta gama de experiências e, assim, escolher os valores, objetivos e ações que nos possibilitam prosperar. A ética, portanto, não é algo místico ou arbitrário, mas uma ferramenta básica de sobrevivência. A ética é a ciência da autopreservação.

E, novamente, assim como não há nada inato que nos guie para o que *é*, não há nada inato que nos guie para o que *deveria ser*. Devemos descobri-lo ao focar nossa mente objetivamente. Começando com fatos e aplicando métodos apropriados, devemos descobrir se é correto contar uma mentira, por exemplo, se é bom doar aos pobres, ou apenas pegar em armas. A razão, conclui Rand, é o que torna realizáveis todos os valores humanos. E a maior *virtude* — a ação voluntária pela qual asseguramos um valor — é nosso uso da razão. O maior *vício*, da mesma forma, é rejeitar a razão: recusar-se a pensar, perder o foco, fugir das contradições, ignorar (como um viciado) as consequências de nossas ações, esperar que as coisas se resolvam "de alguma forma". Se quisermos escolher a vida, devemos aceitar a realidade.

## A CIÊNCIA DA AUTOPRESERVAÇÃO

Não obstante, a realidade confronta os indivíduos em termos de sua própria vida ou morte. O objetivo último de todo indivíduo é a *autopreservação*. Devemos escolher nossos valores e ações, diz Rand, segundo o padrão moral de nossa própria vida.

Sua conclusão polêmica, portanto, é que nossa principal obrigação moral é o *autointeresse* — focar em nossa própria sobrevivência e bem-estar. Ela chama isso de *egoísmo*.

O egoísmo de Rand não é o que as pessoas normalmente chamam de "egoísmo" (no entanto, para despertar os leitores de seu altruísmo, ela propositalmente igualou os dois no título de sua obra *A virtude do egoísmo*). Para ela, egoísmo não é sinônimo de roubo, fraude, agressão ou desprezo. Isso não é, afinal, compatível com nosso autointeresse racional de longo prazo; para sobreviver como seres humanos, precisamos da cooperação e especialização dos outros, e aquelas não seriam boas formas de obtê-las. Egoísmo não deveria ser confundido com *hedonismo* — perseguir prazer imediato sem pensar nas consequências. O egoísmo foca nos requisitos de longo prazo da vida humana.

## LIDANDO COM OS OUTROS

*Egoístas* podem ser autointeressados, mas isso não significa que exista um conflito constante entre eles. Pessoas racionais percebem que o conflito é destrutivo.

Tampouco precisamos lutar ou roubar dos outros para nos beneficiarmos deles. Podemos *negociar* com eles — renunciando livre e mutuamente a algo nosso em troca de algo deles que valorizamos mais. Essa ação melhora a situação de ambos.

E não precisamos nos sacrificar para beneficiar os outros, como exige a moralidade do altruísmo. Não é sacrifício trocar um valor menor por um valor maior, como fazemos quando negociamos. Não precisamos piorar nossa situação para sermos moralmente bons, como implica a moralidade do autossacrifício. Pessoas moralmente virtuosas, diz Rand, são egoístas que têm em mente as consequências de longo prazo de suas ações, não vivendo em prol dos outros, nem pedindo que os outros se sacrifiquem por ele.

### O PECADO DA AUTONEGAÇÃO

Os códigos morais tradicionais, prossegue ela, colocam-nos a serviço de alguma autoridade "superior", tais como Deus, a "sociedade" ou o "próximo". Mas é impossível manter a sua vida ao perseguir algum valor "mais elevado" do que a sua própria vida. Sua vida é seu valor último, e renunciá-la por qualquer outra coisa não é apenas autossacrifício, mas autonegação, e, por fim, autodestruição.

Além disso, como valores são produtos de nossa própria razão, renunciar a eles é renunciar à razão — isto é, renunciar ao nosso próprio conhecimento, julgamento e mente. Se somos informados que nosso "dever moral" nos obriga a abandonar nossa razão, alerta Rand, devemos perceber que há algo errado, dado que a razão é a nossa ferramenta essencial de sobrevivência, e não podemos sobreviver sem ela.

## OS MALES DO ALTRUÍSMO

Ainda assim, é exatamente isso o que a prevalente moralidade do *altruísmo* exige de nós. Ela nos pressiona a viver para beneficiar os outros, elogia o autossacrifício e rejeita toda ação particular como imoral. Essa é a orientação de muitas religiões no mundo e é amplamente aceita como a forma "correta" de viver.

No altruísmo, o padrão de moralidade não é o valor da própria ação, mas a identidade do beneficiário. Servir aos outros é bom, servir a si próprio é ruim. Porém, nesse critério, reclama Rand, não há nada que diferencie bandidos de empresários. Ambos são chamados de malignos porque ambos são autointeressados. Ainda assim, bandidos exploram os outros através da força bruta enquanto empresários enriquecem os outros via trocas voluntárias. Não existe nenhuma equivalência moral entre ambos.

E não confunda altruísmo com bondade, boa vontade, benevolência ou respeito pelos outros. Sua exigência central de autossacrifício significa autonegação, tornando a "moralidade" inimiga de todos. Você só tem a perder sendo "moral", pois essa "moralidade" o incita a agir contra seus próprios interesses. Isso faz com que olhemos para os outros não com boa vontade, mas sim com ressentimento.

De fato, observa Rand, o estado de nossa cultura mostra que a moralidade prevalente do altruísmo não promove compaixão e respeito. O altruísmo encoraja as pessoas a abusar das outras, a viver à custa das outras, a exagerar suas próprias necessidades em vez de perseguir seu próprio sucesso. A riqueza criada por indivíduos dinâmicos — a custo zero para os outros — é vilipendiada como sinal de seu egoísmo maligno. A lógica do altruísmo não é que a riqueza deveria ser distribuída, mas que a riqueza é maligna e, portanto, deveria ser destruída.

O altruísmo, então, tenta racionalizar ações que, na verdade, são imorais e destrutivas. E sua tentativa de suprimir a autopreservação, tornando o autossacrifício uma obrigação, só pode ser alcançada através do mal adicional da força coerciva.

## A ÉTICA DAS EMERGÊNCIAS

Ainda assim, não é sacrifício ajudar quem você ama, aconselha Rand. Um homem cuja mulher tem câncer, por exemplo, estará disposto a pagar por seu tratamento médico, zelando pela sua recuperação, pois ela é um valor importante para ele. Isso é totalmente consistente com o egoísmo.

Mas seria errado se sacrificar, ou se expor a um grande risco, por um estranho: seria como valorizar a sua própria vida, conhecimento, razão e mente menos que as dele. Não há nada errado em manter uma boa vontade geral para com estranhos, e é totalmente normal ajudá-los em emergências. Mas nossa ajuda não deveria nos deixar em pior situação ou nos colocar em grande risco. E a circunstância deve ser uma emergência genuína. Deve ser algo não antecipado e fora da escolha da pessoa. Do contrário, nossa ajuda apenas encorajará a irresponsabilidade da pessoa. Da mesma forma, o problema deve ser limitado em duração. Não temos obrigação moral de prover suporte contínuo a ninguém, como fazem os sistemas assistencialistas estatais. Isso apenas encoraja dependência e requer sacrifício dos outros.

## A IMPORTÂNCIA DO PRINCÍPIO

Então, para Rand, o beneficiário da ação moral é a pessoa que a faz, e não os outros. Deveríamos agir em prol de nosso autointeresse racional, esperando que os outros façam o mesmo. Apenas isso está de acordo com a natureza humana e tem chances de promover a nossa sobrevivência como seres humanos.

A razão é o que torna os seres humanos os únicos capazes de pensar e planejar suas vidas. Então, para nos beneficiarmos ao máximo, precisamos pensar e agir com vistas ao longo prazo, e não apenas para o momento. Chamamos isso de *princípio*. Uma mentira pode nos livrar de um problema, mas nossos valores fundamentais não são atendidos com mentiras constantes, alerta Rand; isso produz apenas uma teia complexa de engano e destruição. Nossas ações devem servir consistentemente aos nossos objetivos de longo prazo, isto é, devem respeitar nossos princípios.

Princípios morais não são fáceis de definir. Por exemplo, uma ação pode ser errada em alguns contextos, mas não em outros. Não é "desonesto" mentir para ladrões sobre onde estão guardados os seus pertences. A violação deles dos seus direitos significa que o conceito de honestidade não mais se aplica. Mas, se organizamos nossos princípios num esquema consistente e fiel ao contexto — um *código moral* —, temos um guia prático de nossos conceitos de certo e errado para agir segundo nossos interesses de longo prazo.

### TRÊS VALORES BÁSICOS

O seu padrão de valor moral, então, é a sua própria vida enquanto ser humano — isto é, como ser racional, de acordo com Rand. A razão é a essência do conceito "humano", portanto, um valor básico.

E isso, por sua vez, significa ter um *propósito*: conhecer sua própria mente e seus valores de longo prazo. Significa identificar seus valores claramente, classificando-os de acordo com sua importância relativa. O propósito nos ajuda a focar no que é importante, poupando-nos da busca constante, da incerteza, do conflito e da evasão.

Para manter a sua própria vida, você também precisa de *autoestima*. Você precisa apreciar o fato de ser competente para pensar e merecedor de vida e felicidade; precisa ser capaz de respeitar o julgamento de sua própria mente sobre a realidade e a verdade, tendo a confiança de segui-lo.

## VIRTUDES OBJETIVISTAS

Todo o restante da ética objetivista deriva desses três valores básicos: *razão*, *propósito* e *autoestima*. Eles implicam um compromisso total com a realidade, e nada acima dela. Implicam que nossos valores, objetivos, desejos e até mesmo emoções devem ser validados por pensamento claro. E implicam que devemos assumir a responsabilidade por nossas próprias ações. Não existe nenhum ser sobrenatural ou força mística para culpar por nossas falhas ou corrigir nossos erros.

*Virtudes*, explica Rand, são ações práticas pelas quais conquistamos valores. Para conquistar valores, é claro, nossas ações devem ser racionais. De fato, o maior *vício* — uma ação que destrói valores — é negar voluntariamente a realidade e a razão.

A virtude não é sempre recompensada. Podemos cometer erros na hora de decidir qual é a ação correta. Outros podem prejudicar os nossos esforços. Alguns eventos podem ser demais para nós. Mas, no longo prazo, ação consistente e racional geralmente nos beneficia.

## AS VIRTUDES BÁSICAS

Os valores básicos de Rand — razão, propósito e autoestima — têm sua contrapartida em virtudes específicas — as formas como os alcançamos. Por exemplo, alcançamos o valor da razão através da virtude da *racionalidade* — sendo consistentemente racional e aceitando ativamente a razão como nossa única fonte de conhecimento, nosso padrão de valor e nosso guia de ação prática. Essa virtude requer um ato de livre-arbítrio: a escolha de usar a sua mente e focá-la no que é verdadeiro, nem se afastando dele, nem tentando evadi-lo.

Isso implica, por sua vez, na virtude da *independência* — aceitar a responsabilidade de formar seu próprio julgamento, vivendo de acordo. Isso também implica outra virtude, *integridade* — nunca sacrificar suas convicções pelos desejos ou opiniões dos outros. Implica *honestidade*, nunca tentar falsificar a realidade. E implica *justiça* — dar o que é merecido, nunca buscar o imerecido e aceitar todas as consequências de suas ações.

Alcançamos o valor objetivo, diz Rand, por meio da virtude da *produtividade*. Tudo começa pelo reconhecimento de que nos sustentamos por meio do trabalho produtivo — e não do que nos oferece o ambiente na natureza, como fazem os animais, mas moldando-o segundo nossas necessidades e valores. A produtividade significa mais do que apenas trabalhar por trabalhar: significa perseguir conscientemente o emprego mais produtivo de sua mente, dentro de suas habilidades. Subutilizar a sua mente, alerta ela, o condena à decadência. Você precisa escolher trabalhar para alcançar seus valores, e perder seu entusiasmo pelo trabalho produtivo é uma forma de trair seus valores e sua vida.

A autoestima, da mesma forma, é alcançada através da virtude do *orgulho* — o reconhecimento de que você é o seu valor mais elevado, e que esse valor, como os outros, deve ser conquistado. Isso significa construir *caráter* e adquirir um senso de *valor próprio*, moldando-se à luz de um ideal moral e se recusando a se sacrificar pelos dos outros.

## A RECOMPENSA DA VIRTUDE

A recompensa da virtude é a felicidade. Mas, novamente, não devemos confundir felicidade de longo prazo com prazer momentâneo. Isso seria confundir conceitos muito diferentes.

Obter um valor nos dá prazer; perder um valor nos causa dor. Essas sensações são um indicador útil de nossos interesses imediatos, mas não são necessariamente um guia confiável de longo prazo. Álcool, drogas ou promiscuidade sexual podem nos dar prazer temporário, por exemplo, mas exagerar nisso por muito tempo pode gerar dano.

Em vez disso, devemos pensar ativa e objetivamente sobre em que consiste de fato nosso autointeresse de longo prazo, fazendo escolhas racionais baseadas nos fatos. Precisamos garantir que nossos conceitos sejam consistentes e baseados em fatos, garantindo que nossas ações correspondam aos ensinamentos daqueles conceitos — nesse caso, o que promove ou prejudica o nosso interesse de longo prazo. Pode ser que nem sempre acertemos a resposta, mas se pudermos aprender a pensar assim, e decidirmos fazê-lo, nossas chances de sucesso serão muito maiores.

A verdadeira *felicidade*, segundo Rand, é um estado de alegria não contraditória — alegria que não conflita com nenhum de nossos valores. Não o prazer passageiro de um capricho, mas a alegria de alcançar valores reais consistentes com a realidade e nossa natureza.

Essa alegria é nosso *propósito* ao levar uma vida moral, e é a *recompensa* do pensamento objetivo e da ação moral que baseamos nela.

## O MAL DA COERÇÃO

*Egoístas* podem alcançar valores e atingir sua felicidade, sem conflito, através de cooperação pacífica. Mas o que acontece quando as pessoas discordam?

Rand considera normal debater com quem discordamos, tentar persuadi-los ou mesmo nos desassociar deles caso não cheguemos a um acordo. Mas é maligno forçá-los a concordar com nossas visões — coagindo-os a aceitá-las contra o seu próprio julgamento. Isso reprime o uso da razão pelas pessoas e, portanto, sua capacidade de viver. Mentes racionais, insiste Rand, não podem funcionar sob compulsão — e é por isso que os períodos mais livres na história foram também os mais produtivos. A força substitui criadores por brutos, e brutos por brutos ainda piores.

A força, prossegue Rand, também é um ataque aos valores. Valores são fatos julgados por uma mente racional. Quem não pode pensar, não pode valorar. Um valor forçado sobre alguém não é um valor real: a força não pode ser moral.

Por força, Rand quer dizer a iniciação da força física. Pode ser violência fruto da fúria, ou coerção silenciosa, ou fraude calculada; a mente racional deve rejeitar todas elas. Porém a *autodefesa* — retaliação em face do uso da força por terceiros — é totalmente moral. Aqueles que iniciam a força renunciam ao argumento racional. A única resposta à força é a força retaliatória.

Mas a retaliação pode sair do controle. Vítimas podem responder com força desproporcional ou mesmo culpar a pessoa errada pelo prejuízo. Isso só aumenta o dano já perpetrado. Precisamos de alguma agência objetiva para julgar crimes e invocar punição proporcional onde for devida. E *essa* é a função da política.

# POLÍTICA E ECONOMIA

**OS PRINCÍPIOS DA BOA ORGANIZAÇÃO SOCIAL, DIZ RAND,** são resultado de nossos princípios morais, que se baseiam, é claro, em nosso conhecimento e na realidade que o molda. Boa filosofia é essencial para a boa política e economia.

## PRINCÍPIOS POLÍTICOS RACIONAIS

A política de Rand é baseada nos *direitos*, a ligação entre nossas ações pessoais e sociais. Eles subordinam as ações sociais à lei moral.

Direitos são princípios morais que determinam quando indivíduos podem agir livremente, sem precisar da permissão de ninguém. Direitos não exigem que outras pessoas façam alguma coisa, apenas que sejam respeitados: não podemos violar moralmente os direitos dos outros.

Para Rand, os direitos se originam de nossa natureza humana. Nossa sobrevivência como seres humanos plenos os tornam vitais para nós. Como a vida é nosso valor mais elevado e nosso padrão moral, o *direito à vida* se torna nosso direito mais básico. Sem ele, não podemos existir.

Mas também existem outros direitos. Para sobreviver e florescer como seres humanos no longo prazo, precisamos ser capazes de pensar, ter valores, julgar, fazer escolhas e agir consistentemente sobre elas, e manter nossa motivação e perspectiva — sem intromissão dos outros. Isso, afirma Rand, implica outro direito — *o direito à liberdade:* o direito de escolher, pensar e agir de acordo com nosso julgamento.

Isso também implica *direitos de propriedade* — o direito de adquirir, manter, usar e dispor de bens materiais que valorizamos. Novamente, isso é parte de nossa natureza: não tiramos nosso sustento vivendo apenas do ambiente, mas ao modificá-lo com tecnologias como agricultura e manufatura. Para sobreviver, devemos ser livres para desenvolver essas tecnologias e usar os bens materiais que produzimos. Restrições aos direitos de propriedade são, portanto, restrições à vida.

### O QUE OS DIREITOS NÃO SÃO

Direitos, assegura Rand, não são concedidos pela "sociedade", mas sim nos protegem dela. Não temos que "pagar" por nossos direitos "dando algo de volta". Direitos tampouco nos permitem pegar o que pertence aos outros. Não existe "direito" ao emprego, à moradia, à educação, à saúde, à assistência governamental, porque exigem que outras pessoas paguem por eles.

Só indivíduos têm direitos; grupos, não. Indivíduos são soberanos, e não engrenagens da máquina coletivista. Nenhum "coletivo" tem quaisquer direitos sobre sua mente, esforço ou trabalho, pois isso lhe tiraria o necessário para sobreviver como um ser humano pleno. (E seria um ato fútil, já que apenas mentes livres, independentes e pensantes podem ser produtivas — daí a razão do fracasso do coletivismo, diz Rand). Mas respeitar os direitos dos outros a viver, pensar e produzir beneficia a todos, pois promove uma economia e uma sociedade criativa e próspera.

## O PAPEL DO ESTADO

Direitos podem ser violados pela iniciação da força. A única resposta a ela, como já mencionado, é a força retaliatória. Mas não podemos deixá-la nas mãos das vítimas, que podem culpar a pessoa errada ou responder com violência desproporcional. Então, em vez disso, renunciamos ao uso pessoal da força, concedendo seu monopólio a uma agência independente que pode proteger nossos direitos fazendo uso de *justiça objetiva* — o uso neutro e proporcional da força contra agressores. Chamamos essa agência de *estado*.

A administração da justiça objetiva exige que o estado siga princípios claros e objetivos. Por exemplo, deve haver *regras de evidências* objetivas para estabelecer o grau e a autoria da violação dos direitos de alguém. Deve haver *leis* objetivas que proíbam atos específicos (e não conceitos amplos e vagos como obscenidade, blasfêmia e restrição ao comércio, diz Rand), bem como regras objetivas que balizem punições apropriadas. Essas regras permitem que a violência seja detida, sem força excessiva ou mal direcionada.

Outra função da justiça estatal é fazer valer os contratos. Seres humanos não são animais solitários, muito menos animais sociais, mas sim animais *contratuais*, diz Rand. Engajamo-nos em planejamento de longo prazo, fechando acordos de colaboração e comércio com os outros para alcançar nossos objetivos. Mas, para que isso funcione, as pessoas devem manter as suas promessas — e serem forçadas a isso, se necessário. Também precisamos de um meio para resolver disputas sobre o que foi, de fato, acordado. Novamente, em vez de permitir que as pessoas briguem por desacordos honestos, deixamos que os tribunais decidam.

### *GOVERNO DEVE SER LIMITADO*

Na visão de Rand, proteger nossos direitos é o único papel justificável do governo. Nenhuma outra função estatal pode ser justificada a menos que *todo mundo* consinta livremente, dado que qualquer propósito forçado sobre alguém viola seus direitos. Logo, o governo não pode intervir na vida moral e intelectual de seus cidadãos, dizendo-lhes o que pensar e como se comportar — e muito menos se intrometer na produção ou distribuição de bens e serviços, ou na construção de estradas, hospitais, parques ou escolas.

Isso não é *democracia*, em que a maioria decide o que fazemos. O governo não é *pai* de seus cidadãos, mas apenas seu *agente*. Em vez disso, Rand defende uma *república* baseada no consentimento dos indivíduos que a compõem.

Damos ao governo o monopólio da coerção para que proteja nossos direitos, porém, o mau uso potencial desse poder torna o governo uma ameaça ainda maior aos nossos direitos do que os próprios criminosos. Para nossa própria segurança, o governo deve ser limitado. Esse é o propósito das constituições: impor limites sobre a forma como um governo pode usar seu monopólio de força.

Um governo limitado e focado nos pouparia do mal da tributação. Rand insiste que o imposto, uma tomada à força de nossa propriedade, é uma forma de roubo — não apenas de nosso dinheiro, mas do produto de nossa mente. Numa sociedade livre, o financiamento das poucas funções legítimas do estado deveria ser voluntário.

## OUTRAS FILOSOFIAS POLÍTICAS

Como vimos, não existe um "direito" ao emprego, à moradia ou ao assistencialismo. A ajuda mútua e voluntária entre indivíduos é perfeitamente moral, mas não podemos forçar ninguém a isso. Então, não existe garantia automática de segurança.

A ideia do estado assistencialista, diz Rand, origina-se da premissa coletivista de que somos apenas parte de uma tribo que tem prioridade sobre nós, e que, como o governo sabe melhor como empregar os recursos da tribo, tem o "direito" de tomá-los à força. Mas não existe uma forma objetiva de determinar quem "merece" o apoio forçado dos outros. Em sociedades "democráticas", a decisão é tomada pela regra da maioria. Isso, no entanto, invariavelmente viola os direitos da minoria. Para Rand, isso é o mesmo que a regra do mais forte, na qual a gangue mais brutal prevalece.

Ela também critica o *anarquismo* — a ideia de que não precisamos de nenhum governo —, pois nos expõe à predação de criminosos. É impossível pensar ou produzir num ambiente de medo, no qual temos que carregar armas, fortificar nossas casas e formar gangues para nos protegermos. A existência do estado envia um sinal de que é melhor não usar a força, porque haverá retaliação.

Lembre que mesmo cidadãos racionais e morais precisam de leis objetivas e meios para resolver desacordos honestos — o que significa que precisam de um governo.

Rand vê no *conservadorismo* outro inimigo da liberdade e da razão por basear sua visão política na fé e na tradição. Para ela, a fé não é uma base racional para a política, e a tradição tampouco serve como guia: a tradição política atual é o socialismo — que não é o que os conservadores dizem querer. Eles não têm princípios, nem integridade, conclui Rand. Proclamam nossos direitos, porém os violam com políticas como o alistamento militar obrigatório. Defendem o capitalismo com a linguagem do altruísmo, inevitavelmente se desculpando por seus próprios ideais. Mas, para Rand, talvez os piores inimigos sejam os defensores de uma *economia mista*, uma combinação de liberdade e controles. Isso, diz ela, não é o "melhor de dois mundos", mas uma contradição patente. Tanto socialistas "moderados" como conservadores a defendem porque cada um deles deseja um tipo de controle: socialistas querem o controle da vida econômica, enquanto conservadores querem o controle da vida social.

Então, não há uma teoria consistente implícita na ideia de "terceira via", muito menos princípios por trás de suas leis, objetivos e políticas. Tampouco é compatível com governo limitado, já que não existem limites para contê-la. Ela permite que direitos sejam sacrificados em prol de valores de curto prazo. Pragmatismo, e não razão, determina se direitos são respeitados ou infringidos.

Sem princípios para guiar uma economia mista, "direitos" falsos como assistência social são criados à custa das minorias. Grupos de pressão surgem para pegar sua parte do roubo legalizado. Controles são introduzidos, porém mais controles são necessários para combater os resultados ruins dos primeiros. Nenhum interesse está seguro. Essa não é uma "terceira via", alerta Rand, mas o caminho para a ditadura.

# UMA ECONOMIA RACIONAL E MORAL

Rand descreve a *economia* como a ciência que aplica princípios políticos à produção. Um sistema econômico racional, como outras esferas da atividade humana, deve estar arraigado em conceitos adequados sobre a natureza do mundo e do ser humano. E para ser moral, um sistema econômico também deve respeitar direitos.

## CAPITALISMO É O ÚNICO SISTEMA MORAL

O único sistema que satisfaz essas exigências, afirma Rand, é o *capitalismo laissez-faire* — capitalismo sem qualquer intervenção governamental. Apenas o capitalismo respeita o direito de propriedade das pessoas, tornando-o o único sistema econômico moral. É também o único sistema social moral, visto que respeita os direitos e os valores das pessoas. Mas em uma sociedade capitalista, os cidadãos podem valorizar arte, ciência ou literatura acima de bens materiais: *eles,* e não alguma autoridade, decidem suas prioridades.

No capitalismo, as pessoas pagam por suas escolhas ao criar valores (bens e serviços) que outras pessoas querem e pelos quais estão dispostas a pagar. Ninguém tem de sacrificar sua vida, liberdade ou propriedade pelos outros. É um sistema justo em que outras pessoas julgam o valor criado por você, e o recompensam de acordo. Ele não penaliza a virtude — ou recompensa o vício — ao tributar aqueles que criam valor, subsidiando aqueles que não o fazem.

Novamente, seres humanos não podem viver apenas do que encontram na natureza; temos de criar o que precisamos para viver. O capitalismo nos incentiva a fazê-lo. Se produzimos valor, outros nos recompensam por isso. E como ninguém é forçado a ser nosso cliente, e não existem leis que protejam a mediocridade, devemos ser produtores *eficientes*.

Isso torna o capitalismo muito eficiente na produção de riqueza material. A evidência histórica, diz Rand, mostra como o capitalismo gera o progresso: inovação e riqueza crescem quando as pessoas são mais livres — como no Renascimento, por exemplo, ou na grande era do livre comércio do século XIX.

## SEPARAÇÃO ENTRE ESTADO E ECONOMIA

Para preservar o capitalismo e seus benefícios, devemos remover toda intervenção estatal. Deve haver uma separação entre economia e estado, semelhante à separação constitucional americana entre igreja e estado.

Certamente deve existir um sistema jurídico para proteger todo mundo contra a força e garantir o cumprimento dos contratos. Fora disso, não deveria haver leis ou regulações sobre a vida econômica, nem tributos ou subsídios, nem escopo para as autoridades explorarem os cidadãos ou favorecerem grupos particulares. Isso significa que as pessoas têm de lidar entre si como negociantes, trocando valor por valor, voluntariamente — como iguais, e não como senhores e servos.

Nessa economia *laissez-faire*, mercados promovem eficiência e valor. Os preços de mercado, explica Rand, refletem os julgamentos livres e racionais das pessoas acerca do valor de produtos distintos. Mercados encorajam fornecedores a descobrir processos de menor desperdício e maior eficiência, buscando ofertar o maior valor possível para os consumidores. Mercados recompensam aqueles que planejam, inovam e criam produtos melhores e mais baratos que atraem consumidores dispostos a adquiri-los.

Mercados são, portanto, um processo contínuo de educação que nos ensina onde e como gerar valor e eficiência. Quem aprende essas lições e age racionalmente colhe os frutos. Quem as rejeita, agindo irracionalmente, não: e esses são os únicos perdedores, pois onde estado e economia estão claramente separados, ninguém é forçado a resgatá-los ou a financiar sua mediocridade. O capitalismo encoraja a racionalidade.

## O MITO DO PODER DE MONOPÓLIO

Existe uma ideia muito popular de que o capitalismo permite que empresas poderosas explorem o público, ou mesmo se tornem monopólios, deixando os consumidores sem outra opção a não ser aceitar preços mais altos e pior qualidade.

Essa é uma caricatura do capitalismo, diz Rand. Qualquer negócio que tentasse explorar o público logo passaria por dificuldades, já que concorrentes ofertariam produtos melhores e mais baratos. Tampouco monopólios são comuns ou permanentes. Mesmo uma grande empresa pode sofrer concorrência, já que os mercados financeiros tornam o capital do mundo potencialmente disponível para seus concorrentes. Ou os consumidores podem simplesmente migrar para produtos alternativos que atendem a mesma necessidade. Você só pode ser soberano no livre mercado se oferecer continuamente o melhor valor.

De fato, a causa mais comum de monopólio é o governo — por meio de subsídios ou regulações que matam a concorrência, ou por financiamento estatal direto. Monopólios protegidos e geridos pelo estado certamente *podem* explorar seus consumidores, pois estes ficam sem opções. Estatistas podem afirmar que as estatais são geridas "democraticamente" em nome do "interesse público" — mas isso, reclama Rand, é sinônimo apenas do interesse da gangue atualmente no poder.

O poder econômico é real, mas não é único. Sim, algumas pessoas têm mais inteligência ou educação, o que lhes concede uma vantagem econômica sobre as outras. Mas, pelo menos, seu conhecimento superior não é *roubado* dos outros, como acontece com o poder econômico do monopólio estatal. E, de qualquer forma, poder político e poder econômico são totalmente diferentes. O poder econômico é uma *recompensa* pelo valor gerado aos outros. O poder político é um *castigo* contra os outros. Fica claro qual é o maligno.

## O SIGNIFICADO DO DINHEIRO

Para Rand, o dinheiro é amplamente mal compreendido: é um meio de troca para aqueles que desejam *criar* e *trocar* valor. As pessoas aceitam o dinheiro por saberem que poderão trocá-lo no futuro por valores (bens e serviços) produzidos pelos outros. Sua própria existência implica as virtudes da produtividade, da honestidade e da razão.

A expressão "o amor pelo dinheiro é a raiz de todo mal" é produto de uma época, quando o poder e a força eram o que enriquecia as pessoas. No capitalismo, todavia, o dinheiro é uma recompensa por pensamento, criatividade, inovação, produção e criação de valor. Você recebe o quanto seu esforço vale para os outros. O dinheiro é *produzido*, e não roubado dos outros. É produto da demanda não forçada dos outros por sua realização criativa. É um instrumento totalmente moral.

Mas o dinheiro não confere virtudes a quem não as tem. É útil apenas àqueles que entendem que seu uso facilita a troca produtiva e a realização de seus objetivos. Quem não tem propósito ou valores, que obtém dinheiro através da criminalidade ou do governo, será corrompido por ele. E quem se desculpa por sua riqueza meramente atrairá saqueadores que usarão o poder estatal para livrá-los dela.

## OS CRÍTICOS DO CAPITALISMO

Ainda assim, há muitas pessoas que se desculpam por sua riqueza e pelo próprio capitalismo. O altruísmo está tão disseminado na sociedade que os defensores do capitalismo sentem que devem retratá-lo como um sistema altruísta, mesmo que os dois sejam opostos: o capitalismo é baseado no autointeresse (egoísmo) racional; e o altruísmo, no autossacrifício (irracional).

Empreendedores não podem vencer fingindo ser altruístas, uma vez que ficam indefesos quando são rotulados de egoístas. Embora não devessem sentir nenhuma culpa por um sistema que cria e distribui valor por meio de acordos totalmente voluntários, eles se escondem, envergonhados.

A justificação moral do capitalismo *não é* seu serviço ao público, diz Rand — embora assim o faça. Grupos pró-capitalistas prejudicam a si próprios com essa linha de argumento. A verdadeira justificativa do capitalismo é ser o único sistema compatível com uma moralidade científica e objetiva. O capitalismo é o único sistema moral na história. Os altruístas são os verdadeiros exploradores.

## A IRRACIONALIDADE DO STATUS QUO

Rand afirma que a maioria dos supostos males do capitalismo são, na verdade, causados pelo próprio governo. A possibilidade de subsídios corrompe os negócios, e firmas estabelecidas fazem lobby por regulações que destruam seus concorrentes ao dificultar a entrada de novas firmas no mercado. Além disso, regulações invariavelmente têm outros resultados prejudiciais, porém inesperados, como o de conceder poder arbitrário de decisão a políticos e funcionários públicos.

Socialistas acreditam, é claro, que recursos deveriam ser geridos em prol do "bem comum". Contudo, não existe base racional para decidir o que seria o "bem comum". Essa redistribuição também transfere recursos daqueles que criam e os administram bem para aqueles que não o fazem. Pior ainda, diz Rand, é o fracasso dos socialistas em mencionar que os recursos-chave não são objetos materiais, mas sim os próprios indivíduos. O socialismo busca, portanto, controlar as pessoas — o que, inevitavelmente, requer a ameaça de força. Isso é um ataque direto à mente, à razão e ao julgamento racional: tira das pessoas o que necessitam para viver como seres humanos racionais. Não surpreende que não tenha dado certo.

E na expressão "de cada um, conforme sua capacidade, a cada um, conforme sua necessidade", não há *limite* à "necessidade". Essa ideia transforma as pessoas em pedintes e mentirosos, encorajando-as a exagerar suas necessidades para se beneficiarem de qualquer redistribuição, ou a ocultarem suas capacidades para não serem exploradas. Isso só prejudica nossa prosperidade e, com efeito, a nossa sobrevivência.

# RAND SOBRE QUESTÕES PÚBLICAS

**EM VÁRIOS ARTIGOS E DISCURSOS QUE CONSTITUEM** grande parte de sua produção escrita, Rand aplicou seu pensamento moral e político às questões públicas de sua época, entre elas racismo, educação, bem-estar, manifestações estudantis dos anos 1960, saúde, ambientalismo, feminismo, direitos civis, leis sobre homossexualidade e uso de drogas, política externa, Guerra do Vietnã e alistamento militar obrigatório, terrorismo e crimes "políticos"; questões econômicas como salário-mínimo, tributação, planejamento central, energia, inflação, e muito mais. Suas visões sobre elas eram muito robustas, e é interessante analisar algumas para verificar como sua filosofia influenciava suas conclusões.

## A POBREZA DA EDUCAÇÃO PROGRESSISTA

Rand favorecia a educação Montessori, que enfatiza independência, liberdade — dentro de limites racionais — e respeito pelo desenvolvimento natural da criança. Ela culpava o movimento "progressista" na educação por muitos de nossos problemas culturais, pois as crianças que querem aprender, em vez disso, são forçadas a brincar. A ideia desse movimento é melhorar as habilidades sociais das crianças, mas tudo que aprendem é fazer parte de um grupo. Infelizmente, o resto do grupo tampouco é instruído.

Além disso, também é injusto: as crianças rapidamente aprendem que só o presente importa, pois é impossível prever o que o grupo fará no futuro. Não há razão para construir coisa alguma, porque os outros a destruirão. A única moralidade é a vontade do grupo. Aprendem que o único valor é a habilidade de manipular o grupo para seus próprios fins.

Ensinar, então, não se trata de transmitir conhecimento. Foca na fantasia — que nega a realidade. Ou na discussão em classe — que atribui valor ao decidido pelo grupo. Ou em tarefas de memorização, em vez de entendimento (por exemplo, aprender a forma das palavras, e não sua fonética), que sobrecarregam a mente das crianças com dados concretos desprovidos de seus conceitos basilares.

## INSATISFAÇÃO DE ALUNOS E PROFESSORES

Os mais ignorantes se acomodam. Os mais brilhantes — entediados e frustrados — simplesmente desistem. Para esses, a última esperança de entender o mundo é a faculdade. Mas lá, pelo contrário, são ensinados que nada é compreensível, que as palavras têm o significado que quisermos, e que "fatos" são apenas opiniões. Novamente, o ensino não é feito por meio de palestras que transmitem conhecimento, mas de discussões em classe que informam os alunos de que suas opiniões desinformadas têm valor igual às de qualquer especialista. Então, seguem sem conceitos objetivos que possam guiá-los.

Isso, continua Rand, leva os alunos a exigir aulas mais "relevantes". No entanto, presos a dados concretos e carentes de bons conceitos abstratos, pensam que as aulas devam ser mais relevantes para o *presente*, e não para seu *futuro*. Então, não surpreende que a maioria — confusa e desmoralizada — seja facilmente liderada por ativistas com uma agenda política.

## A VELHA ESQUERDA E A NOVA ESQUERDA

Mas essa, disse Rand, era a agenda política da Nova Esquerda — um movimento político fortemente influenciado pela revolução social dos anos 1960 e que floresceu nas décadas de 1970 e 1980. Esse movimento era incompatível com as ideias da Velha Esquerda — e igualmente incompatíveis com a razão.

A Velha Esquerda dizia ser — embora equivocadamente — defensora da razão e da ciência, afirmando que a organização coletiva e o planejamento "racional" beneficiaram a todos. O socialismo, com suas fábricas e máquinas mais "eficientes", superaria o capitalismo. Em todo lugar, o poder econômico dos capitalistas daria lugar à vontade do povo.

Ao final da Segunda Guerra Mundial, todavia, essa ilusão de produtividade e crescimento tinha sido destruída. A supremacia do ocidente era tão clara que a própria União Soviética teve que construir um muro para manter a sua população. Frente a isso, a Velha Esquerda tentou convencer as pessoas de que a prosperidade material era desnecessária, já que seu coletivismo entregava valores "mais elevados". Poucos foram convencidos.

Em contraste, a Nova Esquerda não queria assumir a produção, mas sim destruí-la. Em vez de prometer fartura, condenava o capitalismo por produzir demais. Os novos esquerdistas buscavam um "retorno ao primitivo", argumentando que o crescimento econômico prejudicava os ecossistemas, que as leis reprimiam a natureza humana, e que as drogas e o misticismo oriental expandiriam nossas consciências.

A Nova Esquerda não estava preocupada com o bem-estar das pessoas, ou teria aceitado a natureza humana. Queria ser a rebeldia, mas era o *status quo* — refletindo a visão prevalente da humanidade como tribo, cujos membros existem uns para os outros. Assim, a prosperidade de alguns era considerada injusta. Embora com slogans e lemas vazios, a filosofia ocidental era (e é) tão fraca que, intelectualmente, não tinha força para resistir.

## RACISMO COMO COLETIVISMO

A forma mais crua desse tribalismo coletivista, embora a Nova Esquerda negasse, é o racismo. O racismo, diz Rand, julga as pessoas não por sua mente e realizações, mas por sua ancestralidade. Sugere que valores e caráter são determinados no nascimento, e negligencia a característica mais essencial dos seres humanos — sua faculdade racional.

O racismo aumenta e diminui na mesma proporção do coletivismo. Era forte na Alemanha nazista e no início da era soviética, por exemplo, porque precisa do poder estatal para sobreviver;

o capitalismo, por sua vez, é seu arqui-inimigo. O capitalismo respeita a soberania de cada pessoa; o livre mercado julga com base na capacidade produtiva da pessoa, e não em outras características irrelevantes. Foi o capitalismo que acabou com o racismo e a servidão. Nos Estados Unidos, a escravidão sobreviveu mais tempo em estados sulistas não capitalistas.

Em contraste, o estado assistencialista e a economia mista pioram o problema, já que produzem conflito entre grupos que disputam favores estatais: sectarismo e racismo substituem imparcialidade, e grupos raciais demandam que sua "etnicidade" seja respeitada, preservada e financiada. No entanto, isso faz com que sejam julgados por sua ancestralidade, congelando sua cultura em vez de permitir que se desenvolva. Essas exigências, segundo Rand, são hostis à razão, aos direitos e à propriedade.

## AMBIENTALISMO

A Nova Esquerda adotou voluntariamente o ambientalismo porque é uma representação do anticapitalismo: retrata um ódio puro pela produção, realização e razão. E também pela vida humana: antes da manufatura, a expectativa de vida era baixa. Os humanos precisam continuar avançando para sobreviver, porém a regulação ambiental reduz a inovação. Rand vê restrições a tecnologias produtivas como um ataque à mente e à própria vida humana.

Os ambientalistas, no entanto, consideram o progresso uma agressão à natureza. Porém, seus apelos para "deixar a natureza em paz" não são radicais, mas sim profundamente conservadores. Não passam de veneração ao *status quo* — a busca da preservação de tudo, exceto a própria humanidade. Na natureza, é difícil obter mesmo o essencial para a vida humana; no capitalismo, até luxos são facilmente acessíveis. Não é a política, mas sim riqueza e tecnologia que resolverão os problemas da poluição. A verdadeira motivação dos ambientalistas, Rand suspeita, é o ódio pelo talento, sucesso e realização humana.

## DIREITOS CIVIS

Não obstante, Rand concordava com a Nova Esquerda na questão dos direitos civis. Via o aborto como direito moral da mãe, pois é soberana de seu corpo, e por crer que um ser humano potencial ainda não é um ser humano real. Opunha-se ao autossacrifício dos Estados Unidos na Guerra do Vietnã, argumentando que nenhum interesse nacional estava em jogo nessa guerra. Escreveu e discursou contra o alistamento militar obrigatório. Esse, ela dizia, era o maior abuso do poder do estado, cuja função é proteger os direitos individuais. O direito mais básico é o direito à vida, mas o recrutamento militar exige que os indivíduos ponham suas vidas em risco por uma causa que podem nem apoiar. A obrigatoriedade do alistamento mostra que o governo renunciou ao seu papel de protetor, preferindo promover o estatismo — a ideia de que a sua vida pode ser despendida à revelia pelo estado. Em resposta ao contra-argumento de que "direitos impõem obrigações", Rand lembra que direitos não precisam ser "pagos", e que não impõem obrigações a ninguém — a não ser a obrigação de que todos, incluindo os governos, os respeitem.

## CRIME E TERRORISMO

Rand também acreditava ser errado criminalizar pessoas por suas crenças e estilos de vida. Crime, explica ela, é uma violação de direitos por força ou fraude: escolhas de estilo de vida, tais como práticas sexuais ou uso de drogas, não são crimes, pois não envolvem o uso da força. O mesmo se pode dizer de ideias. Um governo legítimo não pode punir pessoas por seus pensamentos e crenças: a liberdade de expressão é um direito.

A iniciação da força continua sendo crime, mesmo se motivada por alguma ideia política. Portanto, terroristas deveriam ser tratados como criminosos, e não como "dissidentes" ou "prisioneiros políticos". Para ela, são piores do que criminosos comuns, pois corrompem o conceito de direitos, exigindo serem chamados de "idealistas" cujas crenças "justificam" seus crimes.

Mas, se assim fosse, que crenças justificam que crimes? Essa posição implica que o estado e os tribunais decidem quais ideias políticas são aceitáveis ou não — o que é, por sua vez, despótico.

## POLÍTICA ECONÔMICA

Para Rand, a intervenção governamental na economia é receita infalível para crises. Leis de salário-mínimo, por exemplo, não ajudam os pobres — certamente, não os pobres desempregados. Em vez disso, aumentam o desemprego, porque fixam salários acima do valor gerado pelo trabalho do funcionário.

Da mesma forma, tributar os ricos não aumenta a igualdade (que, para Rand, não é um valor), mas sim reduz investimentos e, portanto, trava o crescimento econômico que eleva o nível de vida de todos. De fato, a tributação redistributiva simplesmente toma a propriedade de pessoas cujo sucesso material mostra sua boa capacidade de gestão, repassando-a para outras cujo fracasso material atesta o contrário.

Mas a situação piora. Redistribuição de riqueza e "direito" à segurança econômica são formas de trabalho escravo. Se exigíssemos que as pessoas trabalhassem diversas horas por semana para o Estado, chamaríamos isso de escravidão, diz Rand. Mas quando tomamos os frutos de seu trabalho *sob a forma de dinheiro*, chamamos de tributação. Existe alguma diferença? Regulações vagas são um tipo particularmente danoso de intervenção. Em uma legislação antimonopolista, por exemplo, é impossível definir o que conta como "dominância" de mercado. Logo, as decisões se resumem ao julgamento arbitrário dos reguladores. Isso tudo encoraja o capitalismo de compadrio, em que lobistas e interesses especiais tentam influenciar decisões para benefício próprio. Nesse cenário, impera a insegurança jurídica e econômica, já que as empresas não podem prever se fusões ou aquisições — ou mesmo seu crescimento natural — serão consideradas ilegais pelos reguladores. Como não podem planejar, tornam-se muito cautelosas, o que resulta na perda de investimento, produtividade e geração de valor.

## POLÍTICA EXTERNA

O capitalismo desregulamentado, insiste Rand, é o caminho mais rápido para a prosperidade de todos os grupos sociais. No mercado interno, as bases do capitalismo são o estado mínimo com leis mínimas, destinado apenas a proteger os direitos das pessoas à vida, liberdade e propriedade. No mercado externo, é o livre comércio — colaboração internacional entre indivíduos e empresas que comercializam voluntariamente.

O capitalismo é normalmente criticado por lucrar com a guerra, mas isso é um equívoco, rebate Rand. Guerras destroem capital, confiança e comércio. Só o governo tem o poder de iniciar guerras, e só ele pode forçar cidadãos a lutar. Empresários, não.

Rand crê que a guerra possa ser justificada — mas apenas em autodefesa: já é hora de defendermos valores racionais, pondo fim ao mito de que todos os governos são moralmente equivalentes.

O número de regimes despóticos na ONU mostra como essa noção de equivalência moral deitou raízes. Aceitá-la condenou meio mundo ao comunismo — uma ideologia coletivista que despreza os direitos individuais e é, por definição, maligna. É moralmente certo atacar essas tiranias? É claro, pensava Rand — desde que não fosse um autossacrifício, mas sim uma ofensiva contra uma ameaça real à soberania nacional.

# A NATUREZA E A IMPORTÂNCIA DA ARTE

**ESTÉTICA – A TEORIA DA ARTE – É OUTRA PARTE IMPORTANTE** da visão de mundo de Rand. Enquanto a *ética* analisa o que é o *bem*, a *estética* analisa como artistas focam no que é *importante*, transformando ideias abstratas complexas em formas concretas que podemos contemplar diretamente; diz respeito, então, aos princípios pelos quais isso pode ser feito.

Contrário à opinião popular, podemos avaliar a arte de forma objetiva. Pode parecer uma conclusão radical, diz Rand, já que muitos dizem que a arte é "pessoal" e "emocional" e que, portanto, não está sujeita à análise científica. Mas essa confusão ocorre porque as pessoas não entendem a *função* da arte. As emoções despertadas pela arte, como todas as outras emoções humanas, existem por uma razão: são importantes para a nossa sobrevivência. A estética é tão merecedora de estudo científico como a física ou a biologia.

## O PROCESSO DE CRIAÇÃO ARTÍSTICA

Rand explica o processo artístico. Artistas — como pintores, escultores, romancistas, poetas, roteiristas, dançarinos ou músicos — desejam comunicar algo importante. Em sua arte, isolam e destacam elementos essenciais, o que pensam ser importante, deixando de lado o que consideram insignificante ou acidental. Na pintura de uma mulher elegante, um retratista não replicaria uma ferida que pudesse estar no lábio dela; isso é acidental e irrelevante para o que ele deseja comunicar. (Mas outro artista poderia incluí-la, precisamente para apontar a futilidade da vaidade humana).

Por esse processo seletivo, o artista faz uma recriação da realidade — não de uma realidade falsa, mas do que pensa ser importante nela. E isso tem o potencial de se tornar conhecimento, já que pode nos dar uma melhor compreensão de nosso mundo ou um ideal útil a que podemos aspirar.

## O PAPEL FUNDAMENTAL DA ARTE

Isso, segundo Rand, torna a arte fundamental para nossa sobrevivência como seres humanos plenos. Adquirimos conhecimento ao formar conceitos. Uma obra de arte pode integrar muitas abstrações complexas relativas à nossa própria existência. Ao retratá-los de forma concreta, ajuda a manter nossas abstrações firmemente enraizadas na realidade. E a forma concreta da arte nos permite experimentar aqueles conceitos diretamente, permitindo-nos ver a realidade complexa e imediata de conceitos profundos. Obras de arte nos possibilitam refletir e contemplar realidades e valores profundos.

Para Rand, então, o propósito da arte é comunicar, por meio da recriação da realidade, coisas que o artista considera importantes — uma visão de mundo, um sentido de vida, uma ideia ou um julgamento de valor.

É por isso que a história da arte é uma ótima referência dos valores subjacentes das civilizações que as produziram. Assim, a escultura e a literatura da Grécia Antiga, em uma era de ciência e razão, retratam os seres humanos como heroicos, fortes, belos e confiantes. Já a arte da Idade Média, quando os humanos eram considerados pecadores malignos, retrata-os como monstros deformados.

O propósito estético de enfatizar conceitos importantes por meio da recriação da realidade se aplica a toda forma de arte, diz Rand — gostemos ou não dos resultados. Um quadro pode lhe ensinar algo profundo que muda sua vida para melhor, mesmo que você não queira pendurá-lo na parede da sala de sua casa.

No entanto, poucos críticos entendem o propósito racional da arte. Em vez disso, sugerem que é algo místico que só pode ser entendido por uma elite aculturada. Isso apenas encoraja a profusão de "arte moderna" sem sentido que "especialistas" afirmam ser importante — embora não tenham nenhuma base racional para afirmar tal coisa.

## ARTE E VIDA

A arte desperta emoções poderosas. Rand atribui isso ao que chama de nosso "senso de vida" — nossa visão subconsciente da vida, e do significado das coisas para nós. Conforme fazemos escolhas e formamos julgamentos, desenvolvemos sentimentos gerais com respeito à realidade e à vida. Como conceitos, o senso de vida é um conjunto de abstrações, porém formado no subconsciente.

É isso que explica nossos sentimentos profundos sobre a arte. Por exemplo, algumas pessoas podem condenar a presença da ferida no retrato por afrontar seu ideal de beleza, enquanto outras podem elogiá-la por ser uma censura justa à vaidade humana. O senso de vida não é exatamente uma emoção, mas mais um "senso" ou "sentimento". No entanto, é igualmente automático, intenso e pessoal, pois diz respeito ao nosso valor mais profundo, isto é, à nossa vida.

## A ESTRUTURA DA ARTE

Para alcançar seu propósito estético, diz Rand, uma obra de arte precisa ter três elementos principais. Primeiro, deve ter um *tema* — a mensagem do artista para sua audiência. Por exemplo, o tema das pinturas do mestre holandês Johannes Vermeer é a maravilha da luz.

Segundo, deve ter um *assunto* — do que trata a obra. Pode ser heroico ou depravado, irracional ou medíocre, conforme a vontade do artista. Os assuntos de Vermeer (para a decepção de Rand) são cenas do cotidiano doméstico — embora para ele sejam apenas um meio pelo qual representa seu tema com brilhantismo.

O *estilo* da obra reflete a base conceitual do artista. É a forma concreta de um grande número de abstrações. No caso de Vermeer, a precisão de seu estilo enfatiza os ideais de clareza, disciplina e propósito.

## FORMAS VÁLIDAS DE ARTE

O propósito da arte pode ser alcançado de muitas formas. A pintura, por exemplo, usa cores bidimensionais para recriar a realidade — comunicando-se conosco através da visão. A literatura recria a realidade através da linguagem. A escultura usa objetos tridimensionais que envolvem tanto a visão como o tato.

A música, através do som e da audição, é um pouco diferente. A música é um processo de dois estágios: primeiro se conecta ao nível subconsciente de nosso senso de vida; depois, por meio da razão, podemos contemplar os ideais que o compositor está tentando comunicar. O mesmo se aplica à arquitetura.

Nas artes performáticas, tais como o teatro e a dança, os próprios artistas são o meio. No balé, por exemplo, o artista tenta transmitir força e graça; no sapateado, precisão e clareza.

## FORMAS INVÁLIDAS DE ARTE

Rand considera inválidas algumas outras formas de "arte" por não se enquadrarem no propósito fundamental da arte, que é transmitir um senso de vida. A fotografia, diz ela, não é arte — é uma habilidade mais técnica do que criativa. As "artes" decorativas não são arte, mas puramente expressões sensoriais que não transmitem nenhum ideal conceitual.

Rand considera a "arte moderna" totalmente hostil à razão — e, portanto, à existência. Arte é comunicação, diz ela. Uma peça de "arte moderna" pode estimular os sentidos, mas se for tão estilizada a ponto de ser ininteligível, não transmitirá nada e, portanto, não será arte. De fato, ao elevar o impacto sensorial acima da comunicação de pensamentos, torna-se um ataque contra a própria razão.

## OS PRINCÍPIOS DA ARTE LITERÁRIA

Como romancista, escritora e dramaturga, Rand tinha interesse particular nos princípios da escrita de ficção. Um romance, explica ela, requer um elemento adicional além de tema, assunto e estilo: precisa de *caracterização*.

O *tema* define o propósito do romance: é o que expressa a visão de mundo do autor. Pode ser muito amplo (o tema de *A revolta de Atlas* é o papel da mente na existência humana) ou mais estreito (o tema de *E o vento levou...* é como a Guerra Civil mudou a vida no sul dos Estados Unidos). O tema é apresentado em termos de ação — a recriação da realidade pelo romancista é o que acontece com os personagens e como eles reagem a isso.

O equivalente do *assunto* no romance é o *enredo*: apresenta o tema como uma sucessão contínua de eventos e ações. Ele deve dar vida ao tema, numa progressão proposital de eventos conectados. Não pode ser aleatório ou vazio; os personagens devem perseguir objetivos, e suas escolhas devem revelar o propósito do escritor.

*Caracterização* é o conjunto de qualidades dos personagens da história. O caráter e as motivações deles são mostrados através de ações e palavras. Devem agir de acordo com seu caráter. Caracterização, enredo e tema devem ser consistentes. O *estilo* de um romance reflete a visão do autor sobre o conhecimento humano e como é adquirido. O estilo é uma questão muito pessoal, revelando o tipo de funcionamento mental com o qual o artista se sente confortável. O estilo do escritor pode estar presente na história de uma forma muito factual e literal, como os romances do escritor Mickey Spillane, que mostram o detetive Mike Hammer em sua luta contra o crime nos Estados Unidos; pode também projetar uma mescla de razão e paixão, como em *Os miseráveis* de Victor Hugo; ou, como nas obras do romancista americano Tom Wolfe, pode apresentar o material em termos das próprias reações do autor.

## ROMANTISMO NA ARTE E NA LITERATURA

Autores românticos como Victor Hugo escrevem romances que se encaixam melhor na concepção de arte de Rand do que, por exemplo, os de Thomas Wolfe, que ela chama de "um caos de abstrações flutuantes, ou de emoções desligadas da realidade". O movimento romântico, explica ela, recria a realidade sobre a fundação da volição. A arte romântica nos afeta tão profundamente e é moralmente mais digna do que outros movimentos por reconhecer — e querer mostrar — que temos livre-arbítrio, e que nossas escolhas e julgamentos de valor fazem diferença para nós e aqueles que nos rodeiam.

A arte romântica, portanto, não foca no mundano, nem nos fornece um retrato imutável da vida. Não descarta nossas escolhas como ilusórias ou nossas ações como impotentes contra forças imparáveis. Foca, sim, nos problemas e nos valores fundamentais, universais e cruciais da vida, e em como podemos — e devemos — lidar com eles. Busca projetar um ideal moral:

mostrar como as coisas poderiam e *deveriam* ser — o equivalente estético da ética.

O Romantismo nos afeta profundamente porque os valores e as escolhas cruciais que aborda mexem diretamente com nosso senso de vida. Testemunhe a obra intensamente emotiva dos artistas românticos do século XIX, que trouxeram cor, imaginação, vida e originalidade à arte e à literatura. Os melhores deles, como o favorito de Rand, Victor Hugo, mesclam habilmente caráter e ação para dramatizar as escolhas mais difíceis que encaramos em termos de nossas vidas, valores e moralidade.

## PROBLEMAS NA ARTE CONTEMPORÂNEA

A literatura moderna esqueceu o propósito da arte, bem como a importância crucial da vontade, valores e emoções. Sugere que somos esmagados por forças externas e que nada podemos realizar. Daí a profunda hostilidade dos escritores modernos para com enredos coesos, finais felizes, triunfo ou beleza. A literatura popular também é falha, acredita Rand, porque foca em valores populares que nada nos ensinam. Sua moralidade falha — o altruísmo — impede que o enredo se resolva. Muito do cinema popular, por exemplo, é repleto de personagens comuns realizando coisas absolutamente extraordinárias, sendo que a caracterização e o enredo são tão inconsistentes a ponto de qualquer propósito estético ser perdido.

O público, diz Rand, está ansioso por retratos românticos, como a série *James Bond*, criada por Ian Fleming — embora *não* os últimos filmes, que fazem uma caricatura do herói. O Romantismo genuíno apresenta um ideal moral que nos ajuda a reafirmar nossos valores fundamentais e encarar os desafios que se apresentem.

As crianças também precisam de ideais românticos para desenvolver seus valores. Mas a maioria do que leem lhes diz, pelo contrário, para serem altruístas e se sacrificarem — que ser moral é doloroso. As crianças mais espertas, percebendo a contradição, passam a não valorizar nada. Esse é o infeliz impacto da arte e da literatura contemporâneas sobre nossa cultura.

# OS ROMANCES DE AYN RAND

## O OBJETIVO DA FICÇÃO DE RAND

Para Rand, miséria, doença e desastre podem ser dignos de estudo, mas não são assuntos adequados para a arte. Ela pensa que a arte deveria mostrar algo positivo: como as coisas poderiam e deveriam ser.

Como seres humanos, precisamos nos esforçar para garantir nossa sobrevivência física e mental. Além disso, devemos descobrir as qualidades de caráter necessárias para manter nossa saúde psicológica. A arte pode nos ajudar nisso, embora seu valor não resida tanto no que aprendemos, mas no fato de que nos faz vivenciar e refletir sobre assuntos importantes. É isso que torna a arte um valor em si mesma.

O propósito da ficção de Rand era projetar e nos fazer refletir sobre o conceito de um ser humano ideal: oferecer um modelo para nossas próprias vidas, e a coragem para persegui-lo. Essas ideias permeiam seus escritos.

## WE THE LIVING

**Tema e assunto.** O *tema* desse romance (e posteriormente peça de teatro e filme) publicado em 1936 é o indivíduo contra o estado, e o valor supremo da vida humana. Seu *assunto* — retirado de sua própria experiência de vida — é a brutalidade da vida quando valores racionais são destruídos pela Revolução Russa.

**Enredo.** O *enredo* mostra uma jovem de espírito independente (Kira) que encontra a sua alma gêmea (Leo). Apaixonados, tentam fugir das ruínas de Petrogrado sob domínio bolchevique, porém fracassam. Resignada a ficar na cidade, Kira conhece e passa relutantemente a respeitar um jovem soldado comunista e idealista (Andrei), de quem pega dinheiro emprestado para pagar pelo tratamento médico de seu amado Leo. Mas quando Leo se recupera, já não é mais o jovem idealista e íntegro de outrora. Enquanto isso, Andrei, dilacerado pela contradição entre a teoria comunista e a miséria que cria na prática, comete suicídio. Sozinha e tendo perdido tudo que valorizava, Kira tenta fugir novamente, mas morre na tentativa.

**Caracterização.** Em termos de *caracterização*, talvez seja o romance de maior sucesso de Rand. A profundidade dos personagens mostra como é difícil fazer escolhas pessoais e políticas quando valores racionais são distorcidos por uma ideologia perversa imposta pelo poder estatal. Sem dúvida, a natureza semibiográfica do livro ajuda no desenvolvimento das personagens e do enredo. Como ela, Kira é uma jovem autoconfiante e individualista vivendo na Petrogrado pós-revolução; diferente dela, todavia, Rand conseguiu escapar.

**Estilo.** O *estilo* é de um romance filosófico, comum na Rússia e na Europa, mas nem tanto nos Estados Unidos — o que dificultou a sua publicação. Os personagens discutem — e suas escolhas e ações destacam — as contradições do comunismo e a força brutal necessária para sua manutenção. Esse assunto não era bem-vindo nos Estados Unidos da década de 1930 (Década Vermelha). No entanto, o livro vendeu bem na Europa e, em 1942, foi adaptado (sem o consentimento de Rand) num filme italiano de duas partes (*Noi Vivi* e *Addio, Kira*). Esses filmes transmitiram a mensagem estatista de forma tão eficiente que foram retirados de circulação logo após seu lançamento pelo governo italiano do ditador Benito Mussolini. Foram relançados em inglês nos anos 1980, após a morte de Rand.

## CÂNTICO

Pelas mesmas razões culturais que dificultaram a publicação de *We the Living* no mercado americano, o pequeno romance *Cântico*, escrito em 1937, foi publicado primeiro no Reino Unido. Uma editora nos Estados Unidos reclamou que "Rand não entendia o socialismo" — crítica no mínimo curiosa a uma autora que tinha vivenciado a Revolução Russa, e indicativa do viés pró-planejamento estatal entre os intelectuais norte-americanos durante a Década Vermelha (1930).

**Tema e assunto.** O *tema* do livro é o significado do ego do homem. Seu *assunto* é a fuga de um mundo terrível em que os indivíduos foram assimilados pelo estado — onde o "eu" foi substituído pelo "nós". Originalmente, Rand queria chamar o livro de *Ego*, mas temia entregar o tema da história.

**Enredo.** Rand pensava que *Cântico* tinha uma *história*, e não um enredo. Seu foco é menos na ação, e mais na mudança de perspectiva dos personagens. Nesse mundo, os nomes das crianças foram substituídos por números, e elas são criadas em lares coletivos. O personagem principal, Igualdade 7-2521, tem a "maldição" de ser autodidata e curioso sobre as coisas. Seu sonho é se tornar um Erudito, porém é designado a varrer ruas, o que entende ser uma punição por sua presunção.

Igualdade 7-2521 se apaixona por uma garota que chama de "Excelente". Encontra trilhos de metal num túnel dos "Tempos não mencionáveis" do passado e, nesse "esconderijo", usa sua mente inquisitiva para conduzir experimentos científicos que o levam a descobrir a eletricidade e a luz artificial. Decide contar aos Eruditos, porém, eles dizem que sua invenção deve ser destruída porque prejudicaria o trabalho do Departamento de Velas. Frente às circunstâncias, foge para a Floresta Encantada, onde Excelente o procura. Juntos, encontram uma casa dos "Tempos não mencionáveis". Lê livros da biblioteca e descobre a palavra "eu". Ambos se dão nomes e fazem planos para um futuro em que todos poderiam, assim como eles, reconquistar sua individualidade.

**Caracterização.** O personagem principal, Igualdade 7-2521, descobre sua individualidade com e por meio de Excelente. Essa caracterização faz lembrar de Kira e do jovem Leo de *We the Living*. A primeira tentativa de Rand de retratar um ser humano ideal tomou a forma de uma personagem feminina; mas em *Cântico* é o personagem masculino que lidera a ação. Existem poucos em *Cântico* — além dos Eruditos — que defendem ativamente o centralismo e o *status quo* irracional.

**Estilo.** O livro é escrito na forma de um diário secreto. Isso nos permite ter acesso aos pensamentos do herói enquanto luta contra sua incapacidade de se conformar ao estado coletivista, e se esforça para entender o conceito de individualismo e as escolhas profundas que isso implica.

*Cântico* tem algumas semelhanças com o romance russo *Nós*, de Yevgeny Zamyatin, e o mais conhecido *Admirável mundo novo*, de Aldous Huxley. No livro de Huxley, crianças também são criadas em lares coletivos e designadas para funções específicas. O único individualista, um estrangeiro chamado "Selvagem", é exilado e, por fim, comete suicídio. O mundo de Huxley, no entanto, é um mundo de fartura planificada. É otimista sobre a tecnologia, porém pessimista quanto às perspectivas humanas. Rand, pelo contrário, prevê a miséria planificada. Em seu mundo, pelo menos, existe a chance de redenção.

### A NASCENTE

O romance que abriu as portas para Rand foi *A nascente*, publicado em 1943. Ele a tornou famosa, confirmou sua posição como uma das principais escritoras individualistas, ficou no topo da lista dos mais vendidos e (junto com o filme homônimo de 1949) lhe deu estabilidade financeira.

**Tema.** O *tema*, segundo Rand, é individualismo *versus* coletivismo — não na política, mas na alma do homem. De fato, ao contrário de *We the Living*, economia e política não são mencionadas no livro; seu foco está na luta de um homem criativo contra um sistema que promove a mediocridade.

**Assunto.** O *assunto* é a guerra pela integridade e honestidade na criação humana. O campo de batalha é a arquitetura, e o herói na linha de frente é Howard Roark, um jovem arquiteto visionário, pioneiro do modernismo racionalista.

**Enredo.** O *enredo* começa com Roark sendo expulso da faculdade de arquitetura por ser pouco convencional. No entanto, seu colega conformista Peter Keating obtém um bom emprego num grande escritório de arquitetura, bajula o chefe, Guy Francon, e se torna sócio.

Eventualmente, Roark abre seu próprio escritório. Como suas construções estão muito à frente de seu tempo, acaba empregado numa mina de granito para pagar as contas. Encontra a filha de Francon, Dominique, que também despreza a mediocridade ao seu redor. Eles compartilham um intenso relacionamento intelectual e sexual. Aos poucos, Roark conquista clientes, mas isso provoca Ellsworth Toohey, influente jornalista do *Banner*, um socialista que odeia o individualismo de Roark. Ele orquestra uma ação judicial, na qual Roark é derrotado.

Incapaz de ser feliz num mundo que não aprecia Roark, Dominique se casa com Keating. No entanto, Gail Wynand, proprietário do *Banner*, apaixona-se por ela, paga o divórcio a Keating e se casa com a moça. Na busca por uma nova casa para viverem juntos, Wynand descobre que todas as casas de que gosta foram construídas por Roark. Por fim, torna-se amigo e cliente de Roark.

Keating, por sua vez, precisa de um grande projeto para salvar sua frágil carreira. Convence Roark a colaborar num importante empreendimento imobiliário, Cortlandt. Roark concorda, na condição de que fosse construído exatamente como foi projetado. Quando Roark descobre posteriormente que a integridade de Cortlandt foi arruinada pela adição de elementos tradicionais, ele a dinamita. Toohey e o *Banner* incitam a indignação pública.

Em seu julgamento, Roark explica convincentemente ao tribunal como a criatividade depende da autoestima e independência. Surpreendentemente, é absolvido. Wynand percebe que ceder às vontades da multidão foi um erro: Roark vence no final, apesar de tudo. E Dominique, vendo que a mediocridade pode ser derrotada, abandona Wynand e fica com Roark. Wynand ainda pede a ele que desenhe um grande arranha-céus. O romance termina de forma heroica, com Roark e Dominique no topo dessa construção.

**Caracterização.** A *caracterização* gira em torno de cinco personagens principais. O herói, Howard Roark, representa o individualismo criativo contra o coletivismo: defende que a arte pura é o produto de uma mente individual, e que não pode ser criada por conselhos ou comitês. Peter Keating é o oposto, é o que Rand chama de "homem de segunda mão", que é dependente das crenças e valores dos outros. Seu êxito depende do oportunismo e do cronismo. Mesmo relativamente capaz, seu único objetivo é enriquecer. Ele se casa com Dominique para se autopromover, e não por amor; sua carreira oscila conforme a moda. A heroína, Dominique Francon, despreza a mediocridade da firma do pai. Apenas Roark é seu igual, mas Toohey o descreditou. Desconsolada, embarca numa vida de autopunição e miséria.

Gail Wynand saiu de uma infância pobre para o controle de um grande jornal. Como Roark, é intelectualmente forte, mas alcança seu sucesso cedendo à opinião pública — que acaba por destruí-lo, fazendo-o perder tudo, inclusive Dominique. Para Rand, Ellsworth Toohey é a personificação do mal, determinado a promover o coletivismo e o socialismo. Com ódio profundo pela grandeza alheia, tenta destruir a autoestima de individualistas como Roark. Diz apoiar as massas, mas sua meta principal é ter poder sobre os outros.

**Estilo.** *A nascente* é um romance filosófico, escrito num estilo direto que dá suporte à sua mensagem individualista. Os personagens representam visões distintas de mundo e, às vezes, fazem monólogos filosóficos para explicá-las.

A obra foi criticada por muitos resenhistas americanos não familiarizados com essa abordagem. Consideravam os personagens como porta-vozes unidimensionais e impossíveis, destacando que ninguém proclamaria seus motivos malignos tão claramente como Toohey, nem defenderia os benefícios do acordo de forma tão determinada como Keating. Por outro lado, apreciaram o individualismo heroico de Howard Roark, que era — e ainda é — raro na literatura contemporânea.

Muitas pessoas descobrem *A nascente* após terem lido *A revolta de Atlas*, e a analisam pela perspectiva do segundo. Isso é lamentável; embora seu assunto seja mais limitado, o conteúdo moral de Rand está todo aí: destaca os valores e virtudes centrais — razão, propósito, autoestima, independência, integridade, honestidade, justiça, produtividade e orgulho.

## A REVOLTA DE ATLAS

*A revolta de Atlas* é o romance que mais atrai as pessoas para as ideias de Rand. Publicado em 1957, foi um ataque direto à tendência coletivista de sua época. Por já ter construído uma grande base de leitores com *A nascente*, Rand não teve problemas para publicá-lo. Em pouco tempo, estava na lista dos mais vendidos e sua influência continua firme e forte.

**Tema.** O *tema* do romance é o papel da mente como único meio de sobrevivência do homem. Um subtema é a moralidade do autointeresse — *o egoísmo racional*.

**Assunto.** O *assunto* do livro é como grande parte do mundo vive pela exploração dos poucos indivíduos criativos de quem a sobrevivência humana depende, e como a vida na Terra seria impossível sem suas mentes e razão.

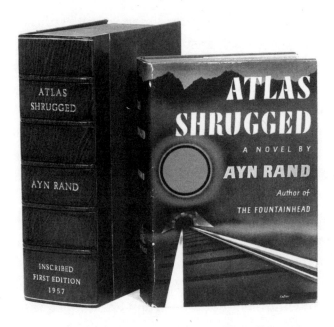

Exemplar da primeira edição de *A revolta de Atlas*,
o livro mais famoso de Ayn Rand.
CRÉDITO: Manhattan Rare Book Company

**Enredo.** *A revolta de Atlas* é um livro longo, com diversos subenredos e complicações, porém, seu enredo é muito simples. Cansadas de serem exploradas e vilipendiadas, as mentes mais criativas do mundo — engenheiros, cientistas, acadêmicos — entram em greve. Privada de sua criatividade e conhecimento, a economia mundial entra em colapso.

A heroína, Dagny Taggart, luta para salvar a ferrovia da família. Sofre oposição de seu irmão James, que prefere fazer acordos escusos com burocratas incompetentes e usar sua influência política para prejudicar seus concorrentes. Ela se une a

Hank Rearden, outro pensador independente, cujo novo metal revolucionário pode salvar sua ferrovia. Eles se apaixonam.

Mas suas ambições estão em perigo, já que muitas pessoas de quem precisam estão desaparecendo. Entre elas, os mais talentosos engenheiros de ferrovias e seu maior cliente, Ellis Wyatt, que foi pioneiro no método de extração de petróleo de depósitos minerais, mas que simplesmente põe fogo em seus poços e desaparece. Outro cliente, Francisco d´Anconia, inexplicavelmente entra em falência, quase levando junto com ele a ferrovia de Dagny.

Na fábrica abandonada da antiga Companhia de Motores Século XXI, Dagny e Hank descobrem os vestígios de um tipo de motor totalmente novo que poderia revolucionar o transporte e a indústria, mas que tinha sido destruído. Dagny tenta em vão rastrear seu inventor, enquanto Rearden encara o confisco forçado de seu metal e regulações que buscam dividir o seu negócio.

Por fim, Dagny localiza o homem que acredita estar por trás do desaparecimento dos principais produtores, seguindo-o até seu "esconderijo" secreto. Descobre que ele é John Galt — o inventor do motor. Seu esconderijo é invisível ao mundo externo por causa de outra de suas invenções. Dagny se apaixona por Galt, mas volta para casa por ainda não estar preparada para abandonar o mundo do qual Galt, Wyatt, d'Anconia e outros já tinham desistido. Descobre que, assolado pelo caos econômico, o governo planeja nacionalizar as ferrovias e assumir o controle de metalúrgicas e outras indústrias.

O caos econômico se aprofunda, e o chefe de estado se prepara para falar à nação. Sua transmissão, no entanto, é interrompida pela voz de John Galt. Ele explica que os que vivem pela mente estão agora em greve, justificando sua posição com uma longa apresentação dos princípios objetivistas. Diz que não retornarão até a sociedade reconhecer o direito deles a desfrutar o resultado de seus esforços.

Quando Galt é capturado e torturado pelo regime dos saqueadores, Dagny se une à greve. Fogem juntos, retornando ao esconderijo. Por fim, o regime cai, e aqueles que vivem pela mente conseguem retornar ao mundo.

**Caracterização**. Dagny Taggart é uma engenheira e empresária talentosa cuja ambição é construir e gerir uma ferrovia de sucesso. Hank Rearden é um metalurgista e inventor brilhante que produz uma nova liga metálica revolucionária. Da mesma forma, Ellis Wyatt é um explorador de petróleo, além de geólogo e químico excepcional. Francisco d´Anconia é um inventor criativo, empresário e pensador (é ele que dá título ao romance, dizendo que, à luz da situação do mundo, aconselharia Atlas, o gigante da mitologia, que carrega o mundo nas costas, a dar de ombros. E John Galt não é apenas um engenheiro, mas também um cientista, inventor e filósofo. O enredo e esses personagens ilustram a posição objetivista de que o progresso humano depende de invenções e da quebra de paradigmas, o que, por sua vez, exige conhecimento, mente e intelecto.

Esses protagonistas enfrentam um grupo diversificado de antagonistas. Lillian, a mulher de Rearden, o prejudica constantemente; Orren Boyle, concorrente corporativista de Rearden; Floyd Ferris, cientista estatal que afirma que a ciência mostra que as pessoas devem ser governadas pela força; Dr. Robert Stadler, que permite que suas descobertas e reputação sejam exploradas por um governo tirânico; e Wesley Mouch, um lobista traidor que se transforma em planejador central. Esses personagens ilustram as muitas formas pelas quais a mente e o intelecto podem ser sabotados.

**Estilo**. é um romance filosófico, mas contém elementos de uma saga épica. Há uma grande variedade de personagens, principalmente entre os antagonistas. Como em *A nascente*, a vida amorosa da heroína é complicada, mas guiada pela mente, não só pelo coração.

Em *A revolta de Atlas*, os antagonistas não são criativos nem produtivos, vivendo à custa do roubo ou parasitagem dos criadores. Mas isso requer o uso da força, que é inconsistente com a razão — o meio essencial para a sobrevivência do homem. E sem os pensadores, não podem sobreviver. Rand nos diz que é só pela aplicação da razão que podemos garantir os avanços necessários para moldar o mundo às nossas necessidades — sejam eles novos metais, processos de engenharia, tecnologias extrativas, técnicas agrícolas etc.

Mentes criativas descobrem novos caminhos para produzir coisas que melhoram nossas vidas e garantem nossa sobrevivência. Suas descobertas promovem o progresso. A greve de Galt mostra que elas não podem funcionar sob compulsão: precisam ser livres para criar novas ideias e tecnologias. *A revolta de Atlas* mostra que a ação livre e independente dos indivíduos é uma condição crucial para a humanidade. O declínio da Companhia de Motores Século XXI, relatada por um ex-funcionário enquanto Dagny procurava o inventor do motor revolucionário, é uma parábola poderosa da visão de Rand acerca dos males do altruísmo e do igualitarismo. Diz-se que a empresa tinha sido exitosa até os herdeiros do fundador mudarem seus princípios: cada funcionário deveria trabalhar de acordo com sua habilidade e ser recompensado de acordo com suas necessidades.

O efeito disso foi que, quanto mais alguns trabalhavam, mais deveriam trabalhar para bancar o almoço de seus colegas "menos capazes", ou o tratamento de saúde dos filhos deles, e por aí vai... sem nenhuma contrapartida.

Mas como decidir quais eram as "necessidades" das pessoas? Um carro? Um iate? E como medir as "habilidades" das pessoas? Tudo era decidido por votação em reuniões públicas.

Foram nelas, lembrava o ex-funcionário, que os trabalhadores perceberam que tinham se tornado mendigos. Ninguém poderia reivindicar recompensas a menos que suas "necessidades" fossem maiores do que as de todos os outros. As reuniões, então, se tornaram disputas por esmolas. Enquanto isso, a produção da empresa caía: quem faria hora extra para compensar essa queda? Aqueles julgados "mais capazes", é claro. O resultado foi que todos se desanimaram, cada qual determinado a ser menos produtivo que o resto, para que não tivesse que assumir o trabalho dos outros. Isso não só destruiu a empresa, mas também as vidas e a autoestima daqueles que trabalhavam nela.

E essa, nos diz Rand, é a lógica da ideologia coletivista.

# OS CRÍTICOS DE RAND

## A ABORDAGEM FILOSÓFICA DE RAND

A filosofia moderna, reclama Rand, nos diz que a realidade é ou inacessível, ou incognoscível, ou uma ilusão. Sem nada firme para guiá-las, então, as pessoas se deixam levar pelo agnosticismo, misticismo e comodismo. Nossa cultura moderna "sem raízes" demonstra claramente esse fato.

Mas a alternativa proposta por Rand não impressiona muito seus críticos. Notam que, exceto por *Introdução à epistemologia objetivista* — um pequeno tratado sobre formação de conceitos —, suas ideias foram expostas apenas em artigos e discursos generalizantes desprovidos de detalhes, contra-argumentos ou evidências. Se tivesse sido uma filósofa profissional em uma universidade, suas ideias teriam sido testadas no calor do debate acadêmico. Em vez disso, dizem os críticos, suas visões tinham se restringido a um pequeno grupo de admiradores.

Críticos também apontam que Rand simplifica muito as coisas. O fato de muitos céticos pensarem que não existem verdades objetivas para guiá-los não significa que todas as suas ações sejam uma questão de capricho, como ela sugere. Podem agir de forma consistente, seguindo princípios claros, com base em seus melhores *palpites* sobre o funcionamento do mundo. Da mesma forma, nossas escolhas morais raramente envolvem questões de vida ou morte. A maioria delas tem pouca ou nenhuma conexão óbvia com nossa sobrevivência: coisas como se devemos mentir para evitar um convite indesejável, ou devolver o dinheiro que um estranho deixou cair.

Além disso, muitos leitores se sentem ofendidos com suas hipérboles (por exemplo, "o pântano é a filosofia moderna: o desinfetante é a razão") e sua linguagem abusiva (em particular contra Kant, a quem ela culpa por quase todos os males, inclusive a arte moderna). Rand é dura até mesmo com aqueles que, em linhas gerais, concordam com ela em questões importantes (como Adam Smith, na importância do capitalismo, ou mesmo Kant, na questão do livre-arbítrio).

Rand também presume os piores motivos em seus oponentes, dizem os críticos, considerando-os fracos, iludidos, irracionais ou imorais. Ela escreve que as sociedades altruístas são concebidas por e para "parasitas, saqueadores, brutos e bandidos" — um tipo de linguagem que provavelmente não convencerá céticos que creem na virtude de seus motivos.

## RAND SOBRE A REALIDADE E O CONHECIMENTO

Rand fundamenta sua visão da realidade e do conhecimento no bom senso: que as coisas existem, que existem independentemente de nós, e que podemos conhecê-las e entendê-las. Nossos cérebros nos dizem que as coisas existem, mas é pelo uso da razão que podemos saber o que são. Ao criar conceitos que agrupam coisas por suas semelhanças e diferenças, podemos entender nosso mundo. Mas, é claro, devem ser bons conceitos, arraigados nos fatos e formados por métodos objetivos. Devemos evitar ser subjetivos — o que, para Rand, significa *arbitrário*. A é A: uma coisa é o que é.

Embora essa teoria do conhecimento de inspiração aristotélica deva ser levada a sério, muitos críticos levantam objeções. Alguns, por exemplo, afirmam que os conceitos de Rand são constructos da mente humana. Contudo, a mente humana é uma ferramenta confiável para essa missão? Ela é, em si mesma, um produto da evolução, moldada pelo mundo e parte dele. Como pode ser posta acima da realidade, dando-nos uma visão objetiva do mundo do qual ela própria faz parte?

Outros críticos duvidam que a visão de Rand se sustente apenas em seus três axiomas básicos: que as coisas existem, que têm natureza ou identidade específicas, e que estamos conscientes delas. Alguns afirmam que esses supostos axiomas estão errados: poderíamos estar vivendo num mundo mágico onde nada existe. Outros objetam que são tão prosaicos que qualquer coisa poderia ser justificada com base neles: muitos os aceitam, mas chegam a conclusões muito distintas. Tampouco é convincente, dizem eles, o argumento de que você precisa primeiro aceitar que as coisas existem e têm identidade para só depois propor um argumento contra seus axiomas: novamente, podemos estar vivendo num mundo consistente, porém ilusório. Essa crítica pode parecer absurda, mas já demonstra que, pelo menos em teoria, diferentes interpretações de nossas experiências são possíveis.

Além disso, o mantra *a existência existe* não desmente os subjetivistas, que raramente negam a existência por completo. Em vez disso, argumentam que não temos *acesso objetivo* ao mundo; logo, nosso "conhecimento" da existência é precário. Para eles, só temos teorias de trabalho — *palpites* — que, embora bem estabelecidas, devem ser abandonadas tão logo surjam evidências que as contradigam. Rand aceita obviamente que somos falíveis, e que, portanto, podemos formar conceitos inadequados. Mas, então, se qualquer conceito pode ser modificado por novas ideias ou evidências, como a teoria do "conhecimento" de Rand pode ser mais sólida do que as dos céticos?

Além disso, Rand admite que, quanto mais nossos conceitos se afastam do nível perceptual, mais difícil é garantir que são válidos. Ela acredita, no entanto, que *possam* ser confiáveis se pudermos rastrear sua origem na percepção, verificando logicamente sua consistência e não contradição. Críticos, por sua vez, argumentam que conceitos e relações profundamente abstratas — tais como a economia — envolvem tanta informação a ponto de inviabilizar seu processamento por uma simples mente humana. E é nossa falta inevitável de conhecimento que explica por que tentativas de remodelar a sociedade, ou planificar a economia, invariavelmente fracassam. Existem limites ao que podemos realizar por meio da razão.

## RAND SOBRE MORALIDADE

As ideias morais e políticas de Rand são baseadas no que ela considera a natureza objetiva das coisas. Podemos concluir quais ações são corretas recorrendo à própria natureza humana. A moralidade repousa em *fatos*, e não em sentimentos: a moralidade é objetiva.

Novamente, a ideia de que podemos basear princípios morais nos fatos objetivos da natureza humana é profunda, embora críticos duvidem que Rand possa mostrar como podemos saltar logicamente do que *é* para o que *deveria ser* — a famosa questão do *ser-dever ser* que atraiu tantos filósofos por séculos.

Sua resposta é que valores existem para um propósito. Atendem a uma necessidade profunda em nós — a necessidade de autopreservação. Ter valores é o que nos mantém vivos. O que serve para nossa vida é bom; o que a ameaça é ruim. Então, esqueça sentimentos, opiniões, tradição ou ditames de autoridades. O único padrão para julgar o valor moral de uma ação é seu impacto sobre a nossa sobrevivência.

Mas a sobrevivência *de quem*? Rand fala da "vida do homem", mas críticos rebatem que "homem" pode significar muitas coisas: nossa espécie, a humanidade em geral, os indivíduos que a compõem, ou qualquer ser humano individual. A *sobrevivência humana* parece perfeitamente aceitável como padrão moral a guiar nossas ações. Mas Rand, dizem os críticos, confunde erroneamente a sobrevivência *humana* com a sobrevivência do *indivíduo* que está agindo — levando-a a promover um tipo de egoísmo que a maioria das pessoas não aceitaria como moral.

Críticos também questionam se Rand entendeu corretamente a natureza humana sobre a qual baseia sua moralidade e sua política individualistas. Somos seres sociais, dizem, e pesquisas recentes sobre sociedades e genética animal sugerem que é a sobrevivência do *grupo* que importa, e não a do indivíduo. Então, não seria estranho se fôssemos programados para agir altruisticamente, e até nos sacrificarmos, pelo bem geral — como muitas espécies animais parecem fazer. E, na verdade, como todos compartilhamos a mesma herança genética com outros membros de nossa espécie, o que *parece* altruísmo ou autossacrifício para um indivíduo poderia, na verdade, promover a sobrevivência dos genes que temos em comum. Rand está, portanto, errada em condenar ações aparentemente autossacrificiais que, supostamente, promovem a própria essência do indivíduo.

Mas, afinal, como saber o que promove a vida? Pode levar muito tempo e experiência para determinar o que ajuda ou prejudica nossa sobrevivência, e pode haver discordância genuína sobre isso. A União Soviética, que Rand acreditava ser tão prejudicial, durou décadas e ainda tem muitos defensores. Lembre também que os estados assistencialistas atuais estão mais vivos do que nunca. Pelo próprio padrão de sobrevivência de Rand, as sociedades e os estilos de vida que considera parasíticos parecem estar muito bem.

## RAND SOBRE POLÍTICA

A filosofia política de Rand é tão inovadora quanto a sua ética. Os direitos individuais que limitam o processo político e garantem a nossa liberdade, diz ela, dependem de nosso conhecimento do mundo, da natureza humana e dos princípios da moralidade. Fluem diretamente do que é bom para a nossa sobrevivência.

Mas o fato de basear direitos na sobrevivência, dizem os críticos, sugere que eles não têm valor intrínseco e que se justificam apenas por sua utilidade. Ainda assim, a própria Rand argumenta, temos o *direito* de agir como preferimos: pensa que, por exemplo, o uso de drogas e a promiscuidade não são úteis — de fato, são prejudiciais —, mas que, mesmo assim, temos direito a eles. Então, como resolver esse dilema?

Rand argumentaria, é claro, que o próprio direito de experimentar diferentes estilos de vida — de qualquer tipo — tem valor para a sobrevivência. Muitos moralistas, no entanto, pensam ser melhor poupar as pessoas do sofrimento (por exemplo, proibindo-as de fumar ou ingerir gorduras, ou forçando-as a pagar planos de saúde ou aposentadoria). Como provar racionalmente qual das opções melhor promove a sobrevivência?

Focando nesses limites da razão humana, os críticos conservadores de Rand dizem que ela se equivoca em descartar o valor da religião e da tradição. Afinal, foram elas que nos trouxeram até aqui. Segundo eles, a religião e a tradição têm uma sabedoria adquirida — um conhecimento sobre como devemos agir, testado e aprimorado ao longo dos séculos, e materializado em regras que não precisamos entender — mas que, não obstante, promovem a nossa sobrevivência e a de nossa espécie. Ignoramos essas autoridades supostamente "irracionais" por nossa própria conta e risco.

Pense em todos os pequenos atos de costume e respeito, de tolerância, generosidade e troca; de analisar as coisas pelo ponto de vista do outro. Pense nos pequenos sacrifícios que promovem confiança mútua e cooperação e que, portanto, beneficiam a todos. É difícil argumentar que todas essas ações possam ser resumidas no *egoísmo*, precisamente porque sabemos dos benefícios da sociedade criada por elas. Fazemos isso naturalmente, sem termos de pensar a respeito. Elas, e não uma "razão" desincorporada, constituem a nossa verdadeira natureza. Talvez, dizem os críticos de Rand, o altruísmo tenha evoluído conosco — embora não de uma forma que possamos compreender racionalmente.

## RAND SOBRE CAPITALISMO

A defesa moral do capitalismo de Rand é, novamente, tão inovadora quanto sua ética e sua política. Para ela, o capitalismo é um sistema *social* — uma forma de sociedade que valoriza não apenas bens materiais, mas também arte, literatura e outras coisas não materiais.

E o capitalismo não é apenas um "mal necessário" a ser tolerado porque produz riqueza material. Pelo contrário, é o único sistema social *moral*, isto é, não baseado na coerção. Nele você adquire riqueza pela livre troca, e não pelo roubo. O autointeresse e o lucro capitalistas não são males, mas sim fatores que o motivam a fazer seu melhor, o que, por sua vez, beneficia os outros. A concorrência alimenta o processo contínuo de aprendizagem do qual a vida humana depende — o processo de aprender a criar mais valor pelo menor custo.

O capitalismo — bem como a definição randiana dele — têm seus críticos. De pronto, dizem, o capitalismo nos permite adquirir bens que nos prejudicam — por exemplo, cigarros. Qual é a compatibilidade disso com Rand e seu padrão último de vida?

Além disso, dizem os críticos, Rand parece confusa sobre por que apoiar o capitalismo: por ser intrinsecamente moral ou por produzir os melhores resultados. Ao julgar sistemas políticos e econômicos, Rand atribui peso considerável aos resultados — em particular, destacando a superioridade econômica dos Estados Unidos sobre a União Soviética. Mas é preciso uma longa cadeia de evidências e argumentos para, partindo de valores morais racionais, passando por ações individuais e instituições sociais, chegar a consequências econômicas. Vale a pena defender a liberdade individual como um valor, mas como garantir que ela produzirá uma sociedade boa e próspera?

## RAND SOBRE ARTE E LITERATURA

A estética de Rand é outra inovação, e uma forma potencialmente útil para avaliar a arte. Especificamente, afirma que a verdadeira arte dá forma física a conceitos abstratos importantes, permitindo-nos contemplá-los diretamente. Mas seu argumento em prol do propósito racional da arte e literatura é prejudicado, na visão dos críticos, por seu elogio generoso ao Romantismo, excluindo todos os outros movimentos — sem falar de seus elogios a romances de suspense como os de Mickey Spillane, que poucos classificariam como arte.

Rand diz que propaganda não poderia ser arte, mas críticos apontam que não existe um limite claro entre uma propaganda e o tipo de educação moral que Rand acredita que a arte possa dar. De fato, diversos quadros, esculturas, música e arquitetura soviéticas e nazistas parecem ser perfeitamente compatíveis com suas diretrizes.

Heróis podem inspirar, e o Romantismo tem sua importância, dizem os críticos, porém a leitura repetida desse estilo rapidamente nos chatearia. Obras de arte e literatura que mostrem a forma tão *imperfeita* como os homens resolvem seus problemas (e nem sempre de forma exitosa) também podem ser educacionais — e, provavelmente, mais relevantes e cativantes.

## A FICÇÃO DE RAND

Culturas políticas são raramente influenciadas por romances, mas Rand conseguiu esse feito. Respeitando seus princípios estéticos, seus romances são românticos. Mostram indivíduos heroicos, ou com potencial de sê-lo, e sua visão do que negócios, empreendedorismo e liberdade podem alcançar é positiva e inspiradora.

Rand disse que desenvolveu sua filosofia para escrever romances, embora seus romances certamente pareçam meios para divulgar sua filosofia. Isso, dizem os críticos, explica muitos dos problemas de sua literatura. Seus enredos são improváveis; os personagens fazem longos discursos para explicar suas visões (o de John Galt duraria três horas, enquanto o de Howard Roark no tribunal se tornou o mais longo da história de Hollywood). Em outros momentos, seus personagens parecem apenas porta-vozes de visões caricatas — absurdamente malignas ou heroicas. Poucos, se algum, são moralmente cinzas. De fato, Rand disse que não poderia escrever romances policiais, pois os leitores descobririam facilmente os heróis e os vilões.

Em termos de estilo, os resenhistas reclamam do tamanho de seus livros e das várias repetições em seus diálogos — o que, segundo eles, também é incomum: ela nos diz o que pensar das coisas, ao invés de apenas mostrá-las, permitindo-nos refletir por conta própria. Seu tom não é sutil: os antagonistas são saqueadores, parasitas, bajuladores ou vilões; os heróis, fortes, principiados e determinados.

Os romances de Rand retratam um mundo movido por um pequeno número de mentes criativas rodeadas por uma massa de medíocres sem sentido sustentados pelo poder estatal. Mas esse é um retrato justo? Empresas e invenções funcionam assim? Mesmo produtos supostamente "revolucionários", dizem os críticos, são quase sempre o resultado de um processo fragmentado de melhoria contínua que envolve o trabalho e as ideias de muitos.

Os romances de Rand podem, como dizem os críticos, serem livros ruins e pesados que impressionam jovens idealistas, pessoas que estão buscando "a" resposta para os problemas da vida. Talvez sejam, mas ainda continuam populares — e muito influentes.

## O LEGADO DE AYN RAND

### A CONTRIBUIÇÃO INTELECTUAL DE AYN RAND

Não importa o que os críticos dizem sobre os romances de Rand: seus leitores sabem que ali encontrarão não só uma simples história, mas também uma visão de mundo radicalmente diferente, com novas ideias a respeito da vida, moralidade pessoal, política e economia — tudo isso, insiste ela, baseado no pilar mais firme de todos, a razão.

Não há falta de códigos morais e visões políticas ancorados na suposta autoridade de crenças religiosas, na tradição, na democracia, na opinião pública ou na palavra do governante. Mas todas elas não passam de opiniões: não há razão **objetiva** para preferir uma a outra. Em contraste, Rand, com ou sem razão, insiste que suas próprias conclusões são arraigadas nos fatos sólidos da realidade: podemos adquirir conhecimento moral, assim como conhecimento científico, se empregarmos métodos objetivos. E sua escolha de apresentar essas ideias através da ficção tornam-nas muito mais convincentes do que qualquer número de ensaios acadêmicos.

Rand também atrai leitores pela robustez com que defende sua abordagem e as conclusões que seguem dela — não importa que sejam impopulares. Ela nos diz, por exemplo, que o altruísmo é imoral — por condenar o sucesso e considerar o ócio uma virtude —, além de ser destrutivo e antivida. Mais do que isso, afirma o contrário: que o egoísmo ou autointeresse racional é moralmente correto, que minimiza o mal da coerção, e que produz o melhor resultado para todos. E provocando seus leitores, ainda chama uma de suas principais obras de *A virtude do egoísmo*.

Com igual robustez, afirma que verdades políticas e econômicas também podem ser derivadas dos fatos da realidade e da moralidade. Explica como um sistema político fundado nos direitos individuais é bom, reduz a coerção e (por um feliz acaso) gera paz e fartura. Seu argumento pela liberdade é totalmente inovador: que os seres humanos devem interagir com o mundo se quiserem entendê-lo e melhorá-lo, e que a liberdade é, portanto, essencial à vida humana. Como o é a propriedade: para prosperarmos, devemos ser capazes de desfrutar a recompensa do uso de nossa mente.

Acima de tudo, a ficção de Rand revela o herói em cada leitor. Com foco e autoestima, sugere ela, você pode mudar o mundo. Mas a autoestima só pode ser edificada sobre bases morais sólidas e caráter. Portanto, pede que você tenha autoconfiança, crie oportunidades em vez de exigir segurança, não troque sua liberdade e dignidade por nada, defenda suas realizações e os frutos de seu esforço físico e mental, não espere favores nem faça sacrifícios e, por fim, respeite o direito dos outros de viver da mesma forma. É uma visão heroica que motivou muitos leitores e mudou muitas vidas.

## *CONTRA O CONSENSO*

Como todos os pensadores polêmicos, Rand atrai muitos seguidores, mas também faz muitos inimigos. Não é apenas o conteúdo de suas visões que choca, mas também a forma como ela o expressa. Não importa quantos pontos de vista existam numa questão, dizem os críticos, para ela um está correto, e os outros errados. Pactuar é inaceitável. Incerteza é uma "revolta contra a razão", enquanto a "moral cinza" é uma "revolta contra os valores morais" e o "absolutismo da realidade".

Esse absolutismo faz com que muitos vejam o Objetivismo mais como um culto do que uma filosofia. Alguns de seus seguidores reforçaram essa impressão ao falarem como se seus métodos revelassem verdades indisputáveis, sem nenhuma possibilidade de erro. Mas quando religiões, ideologias, autoridades — ou mesmo ciências e filosofias — reivindicam uma verdade absoluta, o resultado tende a ser repressão e tragédia, pois quem pode rejeitar o que é verdadeiro e bom, exceto os irracionais ou maus?

Rand tinha uma personalidade resoluta e carismática. Mas críticas à sua visão de mundo não significam críticas à sua pessoa — e vice-versa. Tampouco críticas a uma parte de seu sistema são críticas ao sistema como um todo, não importa o quão integrado supostamente seja. Vá além do carisma e zelo que instigou seguidores e críticos, e há muito em Rand que é novo, importante, profundo e digno de debate.

## ATLAS ESTÁ DANDO DE OMBROS?

No entanto, Rand tem sido mais influente na política e na economia do que na filosofia. Seu propósito com *A revolta de Atlas* é de que não se tornasse profético. Mas o estado atual do mundo parece desafiar seu objetivo. Algumas versões das regulações absurdas contidas no romance se tornaram leis em muitos países. A propriedade estatal pode estar fora de moda, e é totalmente desnecessária quando o estado pode controlar empresas por meio de subsídios, tributos, regulações e ameaças.

O grande crescimento da intervenção governamental reforça o argumento de Rand de que o problema é filosófico, não apenas econômico. Passamos a aceitar que o único limite ao poder estatal é a decisão da maioria. Isso porque pessoas e políticos não entendem a função muito específica e limitada do estado, a natureza coerciva da regra da maioria, e como a coerção estatal enfraquece os direitos básicos das minorias.

Talvez essa falta de entendimento explique por que muito do descrito em *A revolta de Atlas* tenha se tornado realidade. Capitalismo e empreendedorismo estão sendo sufocados por controles. A economia mista se transformou em "capitalismo de compadrio", em que firmas e grupos de interesse brigam por favores e subsídios regulatórios tirados à força dos contribuintes. Embora nominalmente livres, as empresas são dependentes e dirigidas pelo estado.

As soluções de Rand são radicais: rejeita qualquer uso de força coerciva e defende liberdade moral, política e econômica. Sua filosofia não é arranjada para justificar essas políticas; em vez disso, suas conclusões derivam de sua filosofia. Seu foco está na criação de riqueza porque, ela acredita, é a única forma pela qual os seres humanos, por sua natureza, podem prosperar.

*A revolta de Atlas* imagina um momento em que os criadores de riqueza e outras mentes independentes que carregam o mundo nas costas decidem entrar em greve, deixando tudo para trás. Mas ainda não há sinais disso. Talvez as mentes criativas também tenham sido capturadas pela cultura política e moral prevalentes. Talvez também precisem de filosofia.

Entenda a filosofia dominante, e será capaz de combatê-la e modificá-la, afirma Rand. De fato, indivíduos podem mudar o curso da história. Talvez não exatamente como em *A revolta de Atlas* — que ela reconhecia ser uma obra de ficção, e não uma profecia. Mas indivíduos podem mudar eventos de forma profunda e duradoura.

# LEITURAS ADICIONAIS

## COMO LER AYN RAND

A maioria das pessoas começa por seus romances, *A nascente* e *A revolta de Atlas*. *A nascente* não aborda seus princípios políticos ou econômicos, mas é um bom retrato de seu sistema moral: personifica o que seria o seu homem ideal, incluindo algumas das virtudes objetivistas de integridade, honestidade e autoestima.

*A revolta de Atlas* é um romance mais longo que explicita a sua visão de mundo através dos grandes discursos de seus personagens. Segundo Rand, o discurso de John Galt é "a filosofia do Objetivismo", embora muitos o ignorem por sua longa duração. Outros discursos da obra cobrem partes diferentes do pensamento de Rand, e se desenrolam de forma mais acessível.

Pode ser recomendável para o leitor começar com alguns artigos, discursos e entrevistas de Rand, convenientemente disponíveis em coleções temáticas como *For the New Intellectual*, que inclui uma longa explicação de sua filosofia, contendo partes de seus romances, ou *A virtude do egoísmo,* que foca na moralidade do egoísmo. Para aqueles que quiserem conhecer mais acerca da aplicação de suas ideias, *The Unknown Ideal,* que foca em liberdade econômica, *ou Philosophy: Who Needs it,* acerca do pensamento racional e suas aplicações, seriam boas leituras introdutórias. Todas essas coletâneas são de fácil leitura.

Vale notar que os artigos e discursos polêmicos de Rand sempre focaram nas questões específicas de sua época. Dentro de sua vasta produção intelectual, seus argumentos são repetidos e reciclados de diferentes formas, o que dificulta uma visão clara de seu sistema filosófico. Mas entusiastas dos romances de Rand destacam que seus romances atraem leitores comuns para sua filosofia. Os romances, dizem eles, oferecem uma visão inspiradora de como o mundo *deveria ser* e (nas palavras de Rand) "concretizam" sua filosofia ao mostrar como seus princípios podem ser aplicados a situações práticas.

**Estilo.** Alguns leitores não entendem que chocar é parte do objetivo do estilo de Rand. Para ela, a filosofia e a cultura se tornaram complacentes e *precisam* de um choque libertador. Para tal, usa linguagem forte contra aqueles de quem discorda, inclusive figuras importantes na história da filosofia. Seu uso de termos carregados (por exemplo, arte moderna são "borrões", alguém que fracassa em usar a razão é um "selvagem"). Por trás desses termos existe um raciocínio afiado; porém, o vilipêndio e as hipérboles tendem a distrair alguns leitores.

Outro detalhe estilístico que causa estranheza ao leitor é o uso persistente do vocábulo "homem". Isso parece sexista hoje, e já era em sua época, e ela o emprega de forma consistente e proposital. Mas há uma questão mais ampla, pois "homem" pode significar um único indivíduo ou algo mais amplo. O que pode ser verdadeiro para um, pode não ser para outro. É fácil perceber os erros que podem surgir em frases como: "o homem domesticou os animais onze mil anos atrás. John é um homem; portanto, John domesticou animais onze mil anos atrás".

## OBRAS DE FICÇÃO DE RAND

### WE THE LIVING (1936)
Romance semibiográfico que se passa na Rússia pós-revolucionária, onde valores foram extintos, com efeitos devastadores sobre os personagens principais.

### CÂNTICO (1938)
Ambientado num futuro distópico obscuro onde a individualidade foi suprimida e a tecnologia é centralmente planificada. O romance tem um final feliz.

### A NASCENTE (1943)
Conta a história de um arquiteto independente que se recusa a comprometer sua visão artística. Exibe a visão de Rand sobre o homem ideal.

### A REVOLTA DE ATLAS (1957)
Ambientado num Estados Unidos distópico, empreendedores criativos são oprimidos por uma cultura de roubo e predação — até que decidem entrar em greve.

## OBRAS DE NÃO FICÇÃO DE RAND

*FOR THE NEW INTELLECTUAL* (1961)
O ensaio que dá título à obra afirma que a história da filosofia tem se resumido a um esforço de promoção do misticismo e da força, em vez da razão. O livro também contém trechos de seus romances sobre temas como invenção e realização, dinheiro, lucros e medicina socializada.

*A VIRTUDE DO EGOÍSMO* (1964)
Ensaios de Rand e Nathaniel Branden sobre a moralidade e a natureza do egoísmo, a ética da caridade, entre outros temas.

*CAPITALISM: THE UNKNOWN IDEAL* (1966)
Focado também na moralidade do capitalismo, conta com ensaios de Alan Greenspan e Nathaniel Branden. Entre seus temas estão a perseguição aos negócios, leis antitruste, ouro, direitos de propriedade no espectro radiofônico, manifestações estudantis e a natureza dos direitos e do governo.

*THE ROMANTIC MANIFESTO* (1969)
A exposição da filosofia da arte de Rand, bem como suas razões para defender o Romantismo.

*THE NEW LEFT: THE ANTI-INDUSTRIAL REVOLUTION* (1971)
Crítica robusta ao movimento da Nova Esquerda das décadas de 1960 e 1970, simbolizado por evasão escolar, drogas e revolução. Rand destaca suas fundações antissucesso e antipropriedade. Existem artigos sobre como a educação progressista prende e distorce a mente das crianças e também sobre racismo e nacionalismo.

*INTRODUCTION TO OBJECTIVIST EPISTEMOLOGY* (1979)
Com escopo mais limitado do que o sugerido pelo título, esse tratado aborda em detalhe a teoria de formação de conceitos de Rand. Apresenta linguagem técnica.

## COLETÂNEAS PÓSTUMAS

*PHILOSOPHY: WHO NEEDS IT* (1982)
Esses artigos explicam a importância de se ter uma filosofia consciente, racional e consistente. Ilustra isso com ensaios sobre educação, moralidade, política e economia.

*RETURN OF THE PRIMITIVE* (1999)
Versão expandida do livro *A Nova Esquerda*, com ensaios adicionais de Peter Schwartz sobre temas como feminismo, multiculturalismo e ambientalismo.

## RAND EM SUAS PRÓPRIAS PALAVRAS

*THE ART OF FICTION: A GUIDE FOR WRITERS AND READERS* (2000), editado por Tore Boeckmann.
Conselhos breves para escritores, reunidos de palestras de Rand, com citações das obras de Victor Hugo e Mickey Spillane, bem como de sua própria obra.

*THE ART OF NON-FICTION: A GUIDE FOR WRITERS AND READERS* (2001), editado por Robert Mayhew.
Focando em artigos factuais com base filosófica, essas palestras abordam como desenvolver seu estilo, além de noções psicológicas conscientes e inconscientes no processo da escrita.

*AYN RAND ANSWERS: THE BEST OF HER Q&A* (2005), editado por Robert Mayhew.
Transcrições de respostas de Rand a perguntas do público numa ampla gama de tópicos como arte moderna, racismo, feminismo, drogas, suicídio, libertários etc.

*JOURNALS OF AYN RAND* (1999), editado por David Harriman.
Esses periódicos mostram a visão de Rand sobre sua vida na Rússia, o início de sua carreira e como criou seus romances.


*THE LETTERS OF AYN RAND* (1997), editado por Michael Berliner.
Seleção cronológica das cartas de Rand, com seções específicas dedicadas às cartas a Frank Lloyd Wright, Isabel Paterson e John Hospers.

*OBJECTIVELY SPEAKING: AYN RAND INTERVIEWED* (2009), editado por Marlene Podritske e Peter Schwartz.
Transcrições das entrevistas de Rand para a TV e o rádio, com acadêmicos e jornalistas, focando mais em questões políticas do que em filosofia.

ENTREVISTA À PLAYBOY (1964)
Foca nas implicações práticas de sua visão de mundo. Essa entrevista (com Alvin Toffler) oferece dicas valiosas de seu pensamento.

# QUEM É AYN RAND?

Poucos intelectuais do século XX foram tão influentes — e controversos — quanto a romancista e filósofa Ayn Rand. Seu pensamento ainda tem um impacto profundo, sobretudo naqueles que a conhecem por meio de seus romances *A revolta de Atlas* e *A nascente* — com suas mensagens de individualismo, autoestima e direito de viver sem as imposições de outros.

Embora ignorada ou desprezada por alguns acadêmicos, tradicionalistas, progressistas e intelectuais públicos, ela continua sendo uma grande influência para muitos dos mais importantes legisladores, consultores políticos, economistas, empresários e investidores do mundo.

Por que o trabalho de Rand permanece tão influente? Este livro esclarece a importância de Rand ao detalhar sua compreensão da realidade e da natureza humana, e explora o fascínio contínuo e os debates sobre suas conclusões sobre conhecimento, moralidade, política, economia, governo, questões públicas, estética e literatura. A obra também os coloca no contexto de sua vida e época, mostrando como foram revolucionários e como influenciaram e continuam a impactar as discussões sobre políticas públicas.

**OUTROS LIVROS DA SÉRIE:**

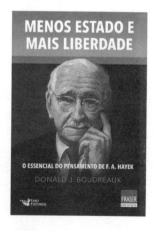

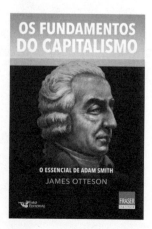

**ASSINE NOSSA NEWSLETTER E RECEBA INFORMAÇÕES DE TODOS OS LANÇAMENTOS**

**www.faroeditorial.com.br**

Há um grande número de portadores do vírus HIV e de hepatite que não se trata. Gratuito e sigiloso, fazer o teste de HIV e hepatite é mais rápido do que ler um livro.
FAÇA O TESTE. NÃO FIQUE NA DÚVIDA!

CAMPANHA

ESTA OBRA FOI IMPRESSA PELA GRÁFICA LC MOYSES EM FEREIRO DE 2020